Vergessenes Wahlvolk

Für alles ist Geld da,
Außer für den kleinen Mann.
Alles können sie finanzieren,
Aber sie lassen die alleinerziehende
Mutter im Regen stehen.

Sie schicken Geld in viele Länder,
Während hier die Menschen
In langen Schlangen
Um einen Platz kämpfen,
Damit sie etwas von dem kostenlosen
Essen für die Armen kriegen.
Darunter sind immer mehr Eltern,
Die regulär arbeiten gehen.

Armut kriecht. Der Arme siecht.
Die Zeiten sind hart, nur der Staat
Ist blind für sein Volk.

Hoffnung stirbt. Verzweiflung gewinnt.
Aber die Gewählten leben
Ein luxuriöses Leben, während wir
Nicht mehr wissen, wo wir morgen noch
Leben können oder wie wir unsere Kinder
Glücklich groß kriegen.

Neue Armut

Weniger ist mehr,
Sagt der Millionär.
Aber was sagen die Millionen
In den Schlangen der Suppenküchen?

Die Armut kam zurück
Und raubte vielen das Glück.
Sie kommt noch mehr
Und spuckt ein Heer
An Desillusionierten aus.

Der neue Pauperismus
Des technologischen Zeitalters:
Der Raub positiver Zukunftsbilder
Macht die Jugend wilder
Und die Alten verwirrter.

Die Welt ändert sich schneller
Und zerstört jede Tradition,
Indem sie sie neu definiert.
Die Welt zerfällt in Blöcke,
Die innerstaatlich durch unsichtbare
Schranken getrennt sind.
Die Welt kennt Gerechtigkeit,
Aber sie vergisst, sie zu finanzieren.

Der Wecker klingelt

Das Land stirbt.
Das Klima rebelliert.
Soziale Krisen explodieren,
Aber die Menschheit hängt
Weiter an ihren Handys fest.

Probleme lassen sich lösen
Mit ernsthaftem Überlegen.
Aber wer die Probleme ignoriert
Und lieber Computer spielt,
Wird eines Tages erwachen,
Wenn die Probleme einem
Längst über den Kopf gewachsen.

Was wird geschehen,
Wenn wir die Probleme nicht lösen?
Können wir überleben,
Wenn wir weiter nur fernsehen?

Es ist Zeit, aufzuwachen
Und die Sachen anzupacken,
Sonst werden wir erwachen,
Wenn die Welt verbrennt.

Globaler Sturm

Wege aus der Krise
Sind rar gesät.
Selbst Wirtschaftsriesen
Straucheln dieser Tage.

Die Welt ist extrem volatil,
Nichts steht mehr still.
Gangster suchen ein Ventil
Und überfallen die Schwächeren.

Hilfe gibt es nicht.
Jeder ist auf sich gestellt.
Da ist kein Licht
Am Ende des Tunnels.

Harte Zeiten sind
Die nackte Realität.
Das arme Kind
Verkauft sich in der Fabrik.

Das Armenhaus ist leer.
Es wurde an Spekulanten verkauft.
Frauen verlieren ihre Ehre
In den Stripteaseclubs.

Der Strudel der Welt
Reißt in die Tiefe.
Die Gier nach Geld
Macht alle ärmer.

State capture

Ohne Hoffnung.
Krieg und Korruption.
Kein Weg.
Kein Licht.

Blut an Tür
Und Klinke.
Kein Gericht interessiert sich
Für die Beweise.

Ungesühnte Verbrechen.
Syndikate bezahlen
Richter und Polizei
Besser als der Staat.

Stromausfälle.
Schmutziges Wasser.
Viele Morde
Ohne Hoffnung.

Am Ende der Freiheit
Steht das Ende der Hoffnung.
Es blüht die Gier
Und plündert den Staat.

Unfair

Der freie Fall
Des freien Systems.

Schuldknechtschaft
Wird zur neuen Realität.
Luxus wird unbezahlbar.
Kinder fressen mehr
Als nur die Haare vom Kopf.

Inflation versus Lohn!
Der Gewinner steht und
Wir verlieren alle Ersparnisse.
Der Gewinner steht fest.
Der Gini-Index zerreißt.

Rap und Autos
Sind Jungsträume.
Gespritzte Lippen und
Dicke Titten die Ziele
Junger Mädchen.

Werbung infiltriert
Staat, Familien und
Persönlichkeiten.

Was bleibt sind Schulden
Und lebenslanges Schlangestehen
Vor den Suppenküchen.

Südamerika

Tausende Augen,
Die sich nicht mehr trauen,
Nach draußen zu schauen.

Kugeln fliegen
Und Gangs spielen
Ihre Musik laut und schrill.

Das Viertel verloren
An korrupte Horden,
Die in Polizei und Verwaltung sitzen.

Den Frieden verloren,
Weil die Politik dem falschen Gott geschworen,
Der nur Geld und Macht begehrt.

Das Land liegt flach
Wegen der Macht
Der Gangs und Kriminellen.

Die Zukunft verloren,
Weil Politiker betrogen
Haben und Bestechungsgeld nahmen.

Gewalt

Opfer und Täter
Und wieder werden Opfer
Zu Tätern.

Ein Kreis ohne Ende.
Wer Gewalt erlebt,
Wird trotzdem Gewalt säen.

Lernen die Menschen
Oder werden sie sich
Ewig bekämpfen?

Opfer und Täter
Sind Täter und Opfer,
Und oft sogar zugleich.

Der Stumpfsinn in der Gewalt
Steckt in ihrer Ansteckungsgefahr
Und dem brutalen Repertoire.

Wiederholung der Geschichte

Sozial gerecht. Sozial gerecht.
Was ist dem Knecht sozial gerecht,
Der in ein System eingepresst ist?

Fairer Staat. Fairer Staat.
Was der Mörder tat,
Ändert kein fairer Staat.

Bessere Welt. Bessere Welt.
Steht auf den Schildern der ersten Welt,
Aber die Dritte hat weiterhin kein Geld.

Atomkrieg. Atomkrieg.
Droht der Putin, um einen Sieg
Zu erpressen.

Die UNO lost. Die UNO lost.
Das Weltkonstrukt setzt Rost
An, weil die alten Männer
Nicht neu denken können.

Was wir brauchen? Was wir brauchen?
Wir brauchen Feuer statt Rauch
In den Meinungen, um etwas
Zu bewegen.

Lieferketten

Lohn
Als Hohn.
Armut
Macht mutlos.

Malochen
In einem Loch.
Schuften
Im dunklen Schuppen.

Den halben Tag
Gearbeitet
Für kaum mehr
Als eine leere Hand.

Den ganzen Tag
Gebuckelt,
Aber für das Schuften
Nur ein Hungerlohn.

Arme arbeiten viel,
Während ein anderer
Viel Geld mit ihrer Arbeit
Kassiert.

Kinderaugen

Ein kleines Kind
Mit allen Chancen,
Die ihm geraubt werden
Von einer nicht existierenden
Umweltpolitik.

Die Erde stirbt
Oder anders gesagt,
Das Spektrum, das wir zum Leben
Brauchen, verschiebt sich.

Milliarden Kinder werden
Die zerstörte Erde erben.
Milliarden Eltern, die noch immer
Nicht erwacht sind und handeln.
Milliarden Tränen werden fließen,
Wenn wir die Erde nicht mit Liebe gießen.
Milliarden Träume werden platzen
Auf betonierten Plätzen, die das Grün
Vom Wachsen abhalten.

Jedes kleine Kind hätte es verdient,
Im großen Stil zu gewinnen.
Doch alles, was sie sind,
Ist, die Erben der Erde zu sein
Und derzeit wird es immer schlimmer.

Gentrifikation

Vertrieben.
Aufgerieben.
Das sind die Indigenen
In den gentrifizierten Städten
Europas und Nordamerikas.

Die Demokratie vergisst
Ihr Volk, während es aus
Den Städten gejagt wird.
Ein Wirtschaftskrieg!
Eine Flut monotheistischer Flüchtlinge.
Viel zu viel Korruption.

Ausgegrenztes Volk
Aus dem Land, das dem Gesetz nach
Das ihre ist.

Vertriebene Indigene
Aus den Großstädten Europas.
Benachteiligte Volkskinder
In den Bundesstaaten der USA.

Landlose Massen

Die Welt zählt ihr Geld,
Aber vergisst die Millionen Opfer
Der Wirtschaftspolitik.

Wir könnten alle reich sein,
Aber das fällt einigen nicht ein.
Sie wollen alles für sich allein,
Selbst wenn Milliarden Menschen
Leiden.

Es ist genug da
Für eine neue Saat auf den Feldern.
Es gibt genug,
Um alle Bäuche zu füllen.
Es existiert genug,
Damit jeder sich erfüllt fühlt.

Es ist nicht schlecht verteilt;
Es ist korrupt gemacht.
Die Welt ist nicht einfach geworden,
Sie wurde um ihr Glück betrogen.

Aber gewinnt der Reiche,
Wenn er für immer fürchten
Muss, dass seine Familie entführt
Wird? Denn das ist auch der Preis
Der finanziellen Ungerechtigkeit.

Anonymität

Das System hat Fehler
Und die Fehler kosten Leben.

Es gibt Nummern auf den Akten
Und diese Nummern haben Gesichter.

Anonyme Politik kreiert
Lebendige Opfer.

Schreibtischtäter spüren
Nicht, was sie anrichten.

Das System rollt über alles
Hinweg und zermalmt Schicksale.

Der Mann an der Spitze kriegt,
Was andere zum Überleben bräuchten.

Eine gerechten Welt nimmt sich ernst.
Eine gerechte Welt füllt jedes Herz.

Toxische Träume

Träume in den Vierteln der Armen.
Fußball. Basketball. Rap. Crack.
Kokain und Fentanyl.

Die Armen träumen
Von Freiräumen,
Die es für Arme nicht gibt
Und niemals gab.

Deshalb träumen sie davon,
Mit Sport und Rap
Zu den Sternen zu reisen.

Dann scheitern sie
Und werden hart und zynisch.
Der eine bricht ein.
Der andere verkauft Kokain im Trap.

Träume scheitern,
Aber sollten wahre Träume
Nicht die Sicherheit der Familie stärken?
Denn es gibt und gab weltweit
Beispiele von Armen, deren Viertel
Sicher und sauber sind und waren.

Nationale Spaltung

Die Welt fällt
Und Armut quillt.
Das Leben wird fad
In der Nacht und am Tag.

Die Schere sprießt
Zwischen Arm und Reich.
Das Land spaltet
Sich in dieser Frage.

Gerecht ist,
Was keinen vergisst.
Das Volk verloren,
Wo nur die Eliten geschworen,
Sich zu dienen.

Ein besseres Land
Wird gemacht,
Wenn jeder Verantwortung
Für den anderen übernimmt.

Originalausgabe

Verlag: BoD · Books on Demand GmbH, Überseering 33,
22297 Hamburg, bod@bod.de
Druck: Libri Plureos GmbH, Friedensallee 273, 22763 Hamburg
ISBN: 978-3-8192-7987-4

Sozialkritische Gedichte

"Ungerechtigkeit an irgendeinem Ort bedroht die Gerechtigkeit an jedem anderen. Wir sind in einem unentrinnbaren Netz der Gegenseitigkeit gefangen, in ein einziges Gewand des Schicksals gehüllt. Was auch immer einen von uns direkt beeinflusst, beeinflusst indirekt auch alle anderen."

Martin Luther King

Verstaubte Akten

Geheime Machenschaften
Und Kräfte, die im Schatten
Schaffen und Regierungen stürzen,
Wenn sie nicht richtig würzen
Auf dem Weltmarkt.

Geheime Absprachen und
Unerklärliche Tatsachen.
Abgestürzte Flugzeuge
Mit unliebsamen Politikern an Bord.

Geheimnisse, die jeder kennt.
Verschwörungen, die keine sind.
Machtapparate, die im Geheimen
Agieren und alles korrumpieren.

Gekaufte Politikerseelen
Halten das System am Leben.
Kleine Streiche der Reichen
Lassen die Armen spüren,
Dass ihre Schulden nur die Ketten
Der Leibeigenschaft sind.

Inflation als geheime Steuer.
Das Finanzoligarchat als Ungeheuer.
Falsche Freiheit. Freie Neider.
Der Staat als Bank. Die Bank
Als Staatslenker.

GPS

Sieben Kinder.
Sieben Schicksale.
Sieben Winkel der Welt.

Privilegien und
Verpflichtungen.
Wohlstand und
Knechtschaft.

Wir sind Figuren
Auf einem Spielfeld.
Wir sind Blätter
Im Wind.

Wo wir sind,
Entscheidet oft,
Wie wir sind.

Wer wir sind,
Ist eine Perspektive
Unserer Umwelt.

Gerecht und ungerecht.
Fair und unfair.
Alt werden oder
Jung sterben.

Zu spät

Zu spät, um uns zu retten
Oder gibt es noch Hoffnung?

Wo Armut Realität ist und
Sich ein Kind von Müll ernährt,
Siechen Seuchen,
Die um die Welt reisen
Und auch die Reichen erreichen.

Die Qual der einen Kleinen
Wird eines Tages
Die Nutznießer erreichen.
Glaubt nicht, dass sich das Elend
Aufhalten ließe.

Es gäbe einen Weg.
Der Weg der Gerechtigkeit.
Es gäbe Möglichkeiten.
Die Möglichkeiten der Freiheiten.
Es gäbe Hoffnung.
Hoffnung, die durch Bildung wahr wird.

Zu spät ist es erst,
Wenn es zu spät ist und
Sich nichts mehr bewegt.

Kriminalitätsstatistik

Jeder kann.
Nur wenige tun.
Wir im Block können uns helfen,
Aber jeder lebt für sich.

Allein sind wir schwach
Und den Schlägern und Dieben
Hemmungslos unterlegen.
Aber schließen wir uns zusammen,
Können sie uns nichts mehr nehmen.

Die Straße ist hart.
Alles wird geklaut.
Die Kriminalität ist da
Und jeder wird mal ausgeraubt.

Mit der Knarre im Gesicht
Einfach ausgeplündert.
Wenn das Messer zusticht,
Um sich Fremdes zu holen.

Falsche Werte. Echte Waffen.
Kalte Straßen. Kaputte Nachtlampen.
Weil wir nebeneinanderher leben,
Können sie uns alles nehmen.
Denn allein sind wir schwach
Und zwar schwächer als die Kriminellen.

Ameisenhügel

Wir sind Ameisen,
Nur wir haben keine
Königin mehr.

Wir sind Ameisen
Einer Gesellschaft,
Die Stück für Stück zerfällt.

Wir sind Ameisen
In einem Hügel,
Dessen Ordnung zur Disposition steht.

Wir sind Ameisen,
Doch eigentlich sind wir Menschen,
Zu Anonymen geworden.

Sie kümmern sich
Um alles, aber
Unser Herz verkümmert.

Wir leben in Wohnungen
Und finden keinen Kontakt
Zum Rest der Welt.

Nur das Handy leuchtet
Und spiegelt uns vor,
Was nicht ist.

Kastenbausatzsystem

Das Leben in den Städten
Funktioniert in Blöcken.
Getrennt sind die
Sozialen Schichten.

Wo arm ist,
Will reich nicht sein
Und die Gegend der Reichen
Können sich die Armen
Nicht leisten.

Ein Volk geteilt.
Ein Land gespalten.
Menschen, die zusammengehören,
Lernen sich nie kennen.

Die Zerrissenheit des Geldes
Zauberte eine unfaire Welt.
Die Spaltung der Gesellschaft
Besitzt explosive Sprengkraft.

Der Sturm auf die Bastille
Oder der Platz des Märzes
Zeugen von den Folgen
Ungerechter Sozialpolitik.

Soziale Qual

Sozial wird zur Qual,
Wenn die Reichen immer reicher
Und die Schlangen vor den
Suppenküchen immer länger werden.

Sozial ist heute Qual,
Denn das Volk zerreißt
In Arm und Reich.

Sozial verliert ihren Wert,
Denn wir sind nicht mehr
Füreinander da und wir als Volk
Sind uns nicht mehr nah.

Sozial zerfällt
Zu einer leeren Hülle,
Denn es fehlt der politische Wille,
Den Karren aus dem Dreck zu fahren.

Alleinstehende Mütter,
Chronische Kranke und Rentner
Beginnen zu hungern und zu darben,
Wie es in diesem Staat
Bisher unbekannt war.

Arm und allein

Arm und allein.
Reich und immer
Eine Einladung im Postfach.

Arm sein heißt,
Auch ausgegrenzt zu werden.
Wie eine ansteckende Krankheit
Meiden viele die Armen.

Karges Brot. Löchrige Socken.
Aber der größte Schmerz
Ist die Einsamkeit.

Verlassen von jenen,
Die vorgaben, Freunde zu sein,
Seitdem die Armut das Heim
Geworden ist.

Verstoßen. Geschmäht.
Ausgegrenzt. Unvermählt.
Die Schande der Armut
Ist eine Schande, gemacht
Von einer kaltherzigen Gesellschaft.

Scherenschnitt

Gerecht ist nett,
Aber die Welt
Ist nicht nett.

Unfaire Realität
Mit einer guten Diät
Und kargem Lohn.

Der Laden rollt
Für die Lenker und
Unverzollten Ränke.

Die Schere des Landes
Zerreißt das Gewand,
Das Volk genannt.

Was Arm und Reich war,
Wird ärmer und
Reicher werden.

Gerechtigkeit fehlt,
Aber das System überlebt
Mit gespaltenem Bild.

Tote Mütter

Was ist richtig?
Was ist falsch?

Unsere Welt weint.
Die Menschen streiten
Sich wegen Kleinigkeiten.

Unser Planet brennt
Und die Lobbyisten hemmen
Die Lösungen der Probleme.

Wohin führen uns die Entscheidungen
Der Mächtigen und Parlamente?

Kinder ohne Mütter.
Mütter ohne Futter.
Väter im Knast.
Die Kinder lernen Hass.
Der Tod vor der Geburt.
Ein Leben in Ohnmacht.
Ein Land am Abgrund.
Rückschläge sind der Alltag.

Fair und gerecht

Die Welt hat Geld
Und die Welt hat kein Geld.
Die eine Seite wird reicher.
Die anderen werden elender.

Reichtum kann glücken,
Ohne dass die anderen
Zurückstecken müssen.

Aber in diesen Tagen
Ist die große Wahrheit,
Dass die Reichen reicher werden
Und dadurch die Armen ärmer.

In einer gerechten Welt
Werden die Reichen reicher,
Ohne die Armen ärmer zu machen.

Unsere Welt ist nicht gerecht:
Wegen jedem neuen Milliardär rutschen
Zehntausend anständige Menschen
In die Armut ab.

Aber die Welt kann gerecht sein.
Reichtum kann gerecht sein.
Ändern wir die Welt.
Beerdigt die Ungerechtigkeit
Und feiert Fairness und Gerechtigkeit!

Unfair

Unfairer Start.
Dunkle Haut oder Frau;
Aber auch weiße Männer
Enden zu Zehntausenden
In der Obdachlosigkeit.

Einige profitieren
Von einem System,
Das nur wenige favorisiert.

Wer bestimmt,
Wer oben und unten ist?
Ist Geld die Welt?
Ist Geburt das Tor?
Ist Glück die Brücke?

Wer bist du?
Wer warst du?
Wer wirst du sein
Am Ende deiner Zeit?

Unfairer Start. Unfaires Ende.
Unfaires Leben.

Unfähige Politiker

Die Welt steht kopf
Und der Kopf schmerzt.
Verloren ist die Hoffnung
Und stumpf das Herz.

Die Armut siegt
Über jede Chance.
Der Mut versiegt
In sozialer Unbalance.

Der Mensch eine Nummer
In den Arbeitsämtern.
Der endlose Kummer
Vieler armer Rentner.

Das System geht bankrott
Und die Angst geht um.
Sie haben sich verzockt
Und beschuldigen sich reihum.

Den Schuldenschnitt
Akzeptiert nur der Reichste nicht.
Manche haben Schneid
Und wehren sich gegen ein System,
Das nicht ehrlich ist und
Mit Lügen Inkompetenz verdeckt.

Gerechte Freiheit

Slums und Ghettos
Als Gesicht der Neuen Welt.
Villen und unbezahlbarer Luxus.
Anus und Opus Magnum.

Gerechtigkeit ohne Freiheit.
Freiheit ohne Gerechtigkeit.
Beides gibt es nicht.
Freiheit ist Gerechtigkeit.
Gerechtigkeit ist Freiheit.

Ein schwarzes Ghetto
Ohne weiße Weste.
Ein schmutziger Slum
Und ein sauberes Parlament.

Leben und Sterben.
Arm und Reich.
Der Tod unterscheidet nicht.
Das Leben teilt,
Was der Tod vereint.

Rosen und Pistolen.
Leben und Leben lassen.
Im Tod loslassen.

Konstruierte Notlagen

Glück wächst frei.
Abhängigkeit nicht.
Zerschlagen wir die Ketten,
Die uns fesseln.
Sprengen wir die Mauern,
Die uns die Sicht rauben.

Zeitenwende ist,
Wenn der Reiche wieder
Zum Puppenspieler wird.

Sie nötigen uns mit Zwängen,
Die sie uns aufdrängen,
Indem sie alles verschärfen.
Finanzielle Not ist kein Los,
Sondern konstruierte Realität.

Größenwahnsinnige greifen wieder
Nach imperialistischem Ruhm.
Ihr gesamtes Tun verstärkt Krieg
Und globale Blockbildung.
Sie zimmern geistige Mauern,
Um die Welt einzuteilen,
Damit wir uns streiten
Und sie abkassieren.

Allmacht Sorgen

Am Morgen
Erwachen die Sorgen
Und abends
Gehen sie mit mir schlafen.

Meine Sorgen
Sind wie ein Kleid.
Meine Sorgen
Sind wie eine zweite Haut.

Ohne unsere Sorgen
Wären wir nicht komplett.
Ohne Sorgen
Wären wir tiefenentspannt.

Die Sorgen zerbomben
Meine leeren Konten.
Rechnungen zerreißen
Mich in Sorgen.

Wäre Sorgen zu verborgen
Ein Geschäft, wäre ich reich.
Am Ende bin ich allein
Mit all meinen Sorgen
In einer Welt, die uns allen
Sorgen bereitet.

Kinder

Wenn Kinder lachen,
Ist die Welt gesund.
Wenn Kinder weinen,
Gibt es einen Grund,
Sich Sorgen zu machen.

Wenn Kinder spielen,
Sollten wir genießen.
Wenn Kinder sterben,
Ehe sie ihre Eltern beerben,
Dann läuft es falsch.

Ihr Lächeln heilt.
Ihr Geschrei belebt.
Ihre Umarmungen sind
Der Sinn des Lebens.

Wir Erwachsenen morden
Und wir bomben.
Wir zerstören ihre Welt
Von morgen.

Lasst sie lachen und spielen.
Lasst uns nicht durchdrehen.
Lasst uns an den Händen nehmen
Und uns vergeben, damit sie morgen
Glücklich leben.

Nur ein Windstoß

Oben wird größer
Und unten wird es mehr.
Die Schere zerreißt
Ohne Gnade.

Ein Mann ohne Kinder
Hat mehr als tausend Mütter,
Deren Kinder hungern.
Ich werde verrückt,
Wenn ich an diese
Ungerechtigkeit denke.

Lenke. Verrenke. Kämpfe
Für eine bessere Welt.
Oben werden sie weniger
Und reicher.

Unten werden sie mehr
Und ärmer.
Die Mitte blutet aus und
Bald zerfällt das Kartenhaus
Unserer Gesellschaft.

Feinde des Friedens

Das Kind wird sehen,
Was der Greis schon sah.
Der Blick auf eine gerechte Welt
Ist ein kostbares Geschenk.

Solange es Kommunisten,
Faschisten und Fundamentalisten
Gibt, wird diese Welt
Keinen Frieden finden.
Solange sie existieren,
Bleibt soziale Gerechtigkeit
Eine Illusion.

Sie untergraben.
Sie spionieren.
Aber vor allem sorgen sie dafür,
Dass sich Blöcke in unserem Volk
Bilden, die sich feindlich
Gegenüberstehen.

Unvereinbar ist ihre Existenz
Mit dem alle umfassenden Frieden.

Ausbeutung

Kurze Nacht.
Harter Tag.
Finanzielle Abhängigkeit
Bestimmt den Alltag.

Hart schuften.
Schwer malochen
Für einen Lohn,
Der kaum zum Leben reicht.

Reicher Boss.
Arme Arbeiter.
Die Krisen der alten Zeit
Sind längst zurück.

Keine faire Chance,
Stattdessen ungerechte Ausbeutung.
Das sind die Realitäten
Der Neuen Welt.

Wenig Schlaf.
Viel Arbeit.
Wenig Geld von einer Welt,
Die sich an unserer Arbeit
Willig labt.

Die Schere

Die Saat des Verrats
An Recht und Gesetz
Heißt Korruption.

Kein Land, in dem Korruption
Keine Probleme erzeugt.
Manche kaschieren nur besser.

Der Lohn ehrlicher Arbeit
Verliert seinen Wert
Im Zeitalter der Korruption.

Eine Hand wäscht die andere.
Verschenkte Luxusartikel
Erschaffen die Gesetze.

Das Recht der Reichen
Ist das Recht der Mächtigen.
Die Schere zwischen Arm und Reich
Zerreißt und schafft neues Leid.
Die soziale Kluft führt
Verfrüht in die kalte Gruft.
Reiche leben länger und
Die Armen warten länger
In den überfüllten Arztpraxen.

Alte und Neue Welt

Die alte Welt war hart und rau,
Aber sie war ehrlicher.
Heute geht es uns gut,
Aber wem kannst du noch trauen?
Alles ist extrem schnelllebig.
Wer heute noch dein bester Freund ist,
Ist morgen meilenweit entfernt,
Falls du ihn brauchst.

Eine schnelllebige und hektische
Welt. Der eine hat Geld,
Die andere schuftet sich krumm
Für einen Hungerlohn
Von Mindestlohn, der nicht reicht,
Um das Kind nicht arm in der Schule
Aussehen und zum Mobbingopfer
Werden zu lassen.

Speere und Schwerter.
Lauter Kriegsschrei.
Die Trommel der Helden.

Kalter Stahl auf der Fahrbahn
Rollt anonym und todmüde
In den Sonnenuntergang.

Kreisel

Die Welt dreht sich
Mit oder ohne uns.
Machen wir ruhig
Alles kaputt.

Wir sägen den Ast ab,
Auf dem wir sitzen.
Wir fluten das Haus,
In dem wir leben.
Wir verbrennen das Land,
Das uns ernährt.

Wir sind die erste Generation,
Die den Preis bezahlt.
Wir werden nicht die Letzte sein.

Fluten. Feuerinferno.
Wassermangel. Hochwasser.
Stürme. Dürren und
Brutale Verteilungskriege.

Die Welt dreht sich weiter.
Egal, ob wir untergehen oder
Weiterbestehen.

Femizide

Die Fehden der Ehre
Und die Ehrenmorde nehmen
Wieder zu. Das alte Patriarchat
Ist zurück. Es kam im Gepäck
Der Migrationspolitik.

Erschossene Frauen.
Erstochene Frauen.
Mit Säure verätzte Frauen.

Es färbte ab und eine Szene
Unter Nicht-Migranten entstand
Mit einem Frauenhass,
Den es so vorher nicht gegeben hat.

Femizide sind irre Ziele,
Aber es gibt Männer, die ehren sie.
Femizide sind keine Gerechtigkeit,
Sie sind eine Krankheit
Toxisch gestörter Männlichkeit.

Wir haben Mütter, Schwestern
Und Töchter: Für sie müssen wir
Aufstehen und etwas tun!

Das Bindeglied der drei Reiche

Tränen im Herzen.
Ungerecht.
Privilegiert sind immer nur
Die Kinder des einen Gottes.

Hitler war Monotheist.
Die Friedrichs und Wilhelms waren Monotheisten.
Karl der Große war Monotheist.
Drei monotheistische Reiche
Haben uns alles geraubt,
Uns unterdrückt und uns
Gezwungen für sie im Namen
Ihres Gottes zu morden.
Über eine Million historische Quellen
Sind der Beweis.

Heute in dieser neuen Welt,
Wo der Neo-Kolonialismus blüht.
Im Zeitalter des Imperialismus
Gingen die Monotheisten nach Afrika
Und bauten Kolonien.
Heute kommen die Monotheisten
Nach Europa und bauen Neo-Kolonien.

Wo ist das Gesetz,
Um die Indigenen zu schützen?
Wo ist die Demokratie,
Um den Demos zu schützen?
Wo sind die Medien,
Um zu berichten, wie über hunderttausend
Deutsche zugunsten der Monotheisten
Gentrifiziert wurden?
Wo sind die UNO und
Ihre Blauhelmsoldaten, um uns
Vor weiteren Vertreibungen zu schützen?

Sozialer Frieden

Sozialer Frieden
Entsteht nicht
Aus Ruinen.

Der soziale Frieden
Entsteht aus Harmonie,
Harter Arbeit und Vergeben.

Die Welt dreht sich
Und das Licht der Sonne
Trifft jedes Erdenkind.

Alle haben
Es verdient, genug
Zu haben.

Und es gibt genug,
Solange kein Betrug
Es den Menschen raubt.

Teilen wir,
Um als Welt
Zu heilen.

Geben wir,
Um die Liebe der Welt
Entgegenzunehmen.

Morgen Sorgen

Der Kinder von Morgen
Ihre Sorgen entstehen heute
Durch das Versagen
Der Menschen an diesem Tag.

Noch immer gibt es
Links und Rechts.
Noch immer sollen die Juden
An allem schuld sein.
Noch immer sind Geschlechter
Faktisch anders berechtigt.

Wir haben uns seit hundert Jahren
Nicht wirklich weiterentwickelt.
Wir sind noch immer da
Mit unseren Gedankenkonstrukten
Wie zur Zeit der beiden Weltkriege.
Selbst Bibel und Koran
Sind noch immer die Richtlinien
Der Moral, obwohl in ihnen Krieg,
Sklaverei und Sexismus gepriesen werden.

In hundert Jahren haben
Wir uns nicht weiterentwickelt.
Aber in hundert Jahren haben
Sich die Probleme weiterentwickelt.
Sie sind komplexer geworden.
Sie sind gefährlicher geworden
Und diese Entwicklung hält an.

Die Kinder von heute
Werden Sorgen haben,
Die wir uns noch gar nicht
Vorstellen können.
Zugleich vererben wir ihnen
Die Sorgen von heute.

Cybermobbing

Hass macht krank.
Psychen kriechen.
Online-Umgangsformen
Erzeugen soziale Krisen.

Hass hat Macht
Und es macht schwach,
Wenn man davon
Getroffen wird.

Die Schmerzen
Aus der Online-Präsenz
Nach dem Flaming
Zerbrechen Herzen.

Niemand braucht
Den Hass im Netz.
Aber er setzt sich fest
In unserer Gesellschaft.

Der Krieg im Internet
Ist nicht nur nicht nett.
Er macht mehr kaputt,
Als für uns alle gut ist.

Sand zwischen Ruinen

Kinder spielten,
Als die Bomben fielen.
Die Welt sah zu,
Wie sie fielen und bis heute
Unter Trümmern begraben liegen.

Es roch kaum
Und doch kroch
Das Gas und hinterließ
Ein Schachfeld voller Leichen.

Keine kennt das Ende
Oder die Wende im Krieg.
Alle hoffen auf das Ende
Der sinnlosen Schlachterei.

Kinder spielten,
Ehe sie in den Schlaf
Des Todes fielen.

Bomben tragen keine Namen,
Sie richten einfach nur Schaden
An. Die bösen Kriegsverbrecher
Fliehen schon, aber sie könnten auch
Schleichen, denn niemand sucht
Nach ihnen, um sie einzusperren.

Harte Fakten

Harte Entscheidungen treffen
Und viele retten oder
Sich weigern und zusehen,
Wie viel mehr untergehen.

Die Crux ist verfuxt.
Es zu tun, wird
Die Menschen erzürnen.
Es nicht zu tun, wird
Menschen umbringen und
Dazuführen, dass die sozialen
Umstände sie zu Tode würgen.

Wie entscheidest du dich
Im Angesicht der harten Fragen?
Wie wählst du am Scheideweg?

Es zu tun,
Wird schmerzen.
Es nicht zu tun,
Wird alles zerstören.

Sozial hart oder
Sozialer Untergang …

Wehende Fahnen

Fahre mit der Fahne
Und zeig, wer du bist
In dieser unfairen Welt.

Versteck dich
Hinter dem Symbol,
Um deinen kargen Lohn
Nicht zu spüren.

Fahre jeden Tag
Zur Arbeit und
Beweise, was du kannst,
Auch wenn sie dich nicht
Fair bezahlen.

Lebe dein Leben
Und lass dir dein kleines Glück
Niemals nehmen.

Versteck dich nicht;
Sondern zeige dich
Und wenn du dafür eine Fahne brauchst,
Dann schwinge sie mit Stolz.

Made in China

Billig hier.
Hart dort.

Billige Klamotten
Mit Zwangsarbeit
Erkauft.

Billiges Fleisch
Gemacht mit nackter
Tierqual.

Billiger Sex
In versteckten Bordellen
Mit verschleppten Frauen.

Billig.
Billiger.
Ewige Qual.

Es ist schwer,
Sehr schwer sogar,
Den Billigprodukten
Zu entkommen …

Äuglein

Traurige kleine Kinderaugen,
Die ihren Gleichaltrigen zuschauen,
Wie sie sich den Bauch
Mit Eis vollschlagen,
Während ihr kleiner hungriger Magen
Schreit und ihr Herz weint.

Jung. Arm. Ausgegrenzt.
Geboren in einer herzlosen Welt,
Die nur die Privilegien
Der Privilegierten kennt.

Ein heißer Tag
In einem dunklen Schuppen.
Zwölf Stunden muss
Der Junge schuften.

Klimatisierte Räume
Und feuchte Träume
Muss das kleine Mädchen
Den Männern erfüllen,
Die sie von ihren Eltern kauften.

Kleine traurige Kinderaugen,
Die fragend in die Welt schauen.

Konsumiere und vergiss dich selbst

Werbung beschallt uns
Tag und Nacht.
Wir werden zu willigen
Konsumenten gemacht.
Sie manipulieren uns
Mit ihren Bildern und
Kriechen wie Würmer ins Gehirn.

Puppenspieler.
Puppenspieler.
Die Werbeträger
Sind wie Puppenspieler.
Sie manipulieren
Die vielen kleinen Kinder
Und wollen sie umerziehen.

Plakate und Werbespots.
Glücksspiel im Radio.
Auf dem Handy poppt es up
Pausenlos.

Erzogen, um zu wählen
Zwischen den Produkten,
Die sie uns präsentieren.
Ob online oder analog;
Der Sog der glänzenden Dinge
Ist unendlich groß.

Klinisch tot

Plattformen formen
Platte Charakterformen.

Alle starren auf den Screen,
Während die Welt untergeht.

Surreale Realität.
Wenn Dummheit wehtut.

Obdachlose erfrieren
In der luxuriösen Wall Street.

Schulkinder spielen Straßenkrieg
Mit echten Messern.

Immer mehr Prostituierte,
Die so ihr Studium finanzieren.

Kranke Welt, die ihre Kinder
Mit stumpfem Konsum verdirbt.

Wertlos

Sex verkauft sich.
Je ärmer, desto besser
Verkauft sich Sex.

Das Glück ist käuflich.
Je ärmer, desto mehr
Wird in Spielhallen gezockt.

Große Waffen sind beliebt.
Je ärmer, desto größer
Müssen die Waffen sein.

Gold und Diamanten.
Je ärmer, desto mehr
Beeindrucken diese Dinge.

Arme sind oft doppelt arm,
Denn niemand brachte ihnen
Den Wert echter Werte bei.

Verbrannte Zukunft

Wind und Regen
Fegen über den Planeten.
Stürme graben die Gärten
Der Reichen und Armen um.
Die Flut spült alles fort
Und sie wird wiederkommen.
Denn die Natur rebelliert
Gegen das menschliche Tier.

Die Wälder verbrennen.
Millionen rennen weg und fliehen
Vor den Naturkatastrophen.

Hoffnung verbrennt.
Die Jugend rennt Sturm
Und bleibt unerhört.

Lösungen gibt es,
Konservative versperren sich.
Hoffnungen verlieren sich
In endlosen Debatten.

Sie wollen Geld,
Ob die Welt dabei verbrennt
Und die Natur stirbt,
Ist ihnen scheißegal.

Ein neues Spiel

Alle reden über Mindset,
Entrepreneurship und Skalieren.
Aber wie können wir damit
Die Armen ernähren?
Wäre Bildung nicht der bessere Weg
Als der ständige Egoismus?

Geld ist schön und
Hat so viel Potential.
Luxus ist bezaubernd
Und erzeugt Bequemlichkeit.

Arme können reich werden
Und Reiche reicher.
Das muss gehen und
Das muss möglich sein.
Aber in diesen Tagen
Werden die Armen ärmer
Und die Reichen müssen sich fürchten
Vor Schüssen und Entführungen.
Keiner gewinnt in dem Spiel,
Das wir gerade spielen.

Lasst uns ein anderes Spiel spielen!

Geteiltes Leid

Armut steigt.
Nur der Reiche lacht.
Senioren sind allein,
Aber Parlamentarier
Geben Tausende für Kosmetik aus.

Das Land ist innerlich geteilt.
Das Volk zerreißt.
Dieser nackten Realität
Stellt sich kaum ein Mensch
In der Politik.

Was wird aus einer Demokratie,
Deren Bevölkerung sich nicht
Mehr versteht.

Die politischen Fäden,
Entsprungen dem Säen,
Wollen ihre Wähler
Abschirmen, damit sie sie
Immer wieder wählen.

Arm und reich ist ein Vergleich.
Karriere machen bedeutet hier oft,
Die Familie im Stich zu lassen.

Wenn das Volk zerrissen,
Wird uns nichts mehr schützen
Vor den Kämpfen und Ränken
Zwischen den unversöhnlichen
Teilen des Volkes.

Rolling Stone

Kleine Reiche
Am Rand der Giganten.
Kois in Teichen
Am Ende der Migranten.

Die Mauern wachsen
Und Angst gewinnt.
Am Himmel der Drachen
Erschreckt das Kind.

Unsere Lieder voller Hass.
Unsere Filme voller Gewalt.
Die Hoffnung verblasst
Auf heißem Asphalt.

Die Angst wird Allmacht.
Irre Blicke durchs Fenster.
Gier gebiert in voller Pracht
Den vergewaltigenden Vorgesetzten.

Macht macht schwach
Und Armut Reiche reicher.
Mit letzter Kraft krieche ich
In mein eigenes Grab.
Auf dem Grabstein steht:
Ruheloser Landstreicher.

Sterbliche

Wenn einer stirbt,
Fühlt es sich für die Betroffenen
So an, als halte die Welt an.

Sie hält niemals an.
Verdammt nochmal:
Sie hält niemals an.

Milliarden Menschen
Kamen und starben.
Wahrscheinlich wird es
Milliarden ihrer Nachfahren
Genauso ergehen.

Alles, was uns bleibt,
Ist unsere Sterblichkeit
Und die Chance, die Zeit
Bis dahin sinnvoll zu nutzen
Und etwas Gutes zu tun.

Wir sind nicht verantwortlich dafür,
Wie die Welt ist, aber wir sind
Verantwortlich dafür, wie die Welt wird.

Rechtlos

Das Gesetz verletzt.
Rechtssicherheit wird
Zur fahlen Illusion.

Eine Gruppe herrscht.
Eine Gruppe besitzt die Macht
Seit tausend Jahren in diesem Land.
Wer zu ihnen gehört, steigt auf.
Wir anderen gucken in die Röhre.

Unfaire Gesetze verletzen.
Unfaire Subventionen zerstören.
Unfaire Parlamente vernichten
Alle echten Rechte.

Das Gesetz verletzt.
Es ist nett zu denen,
Die dazu gehören.

Das Gesetz versetzt
Uns in einen Zustand
Permanenter Rechtlosigkeit.

Junkies

Die blutigen Tränen
Der Sonne verwehen
Im kalten Wind.

Das Kind ringt
Mit der Fassung.
In seinen Armen liegt
Die totgefixte Mutter.

Was wird aus den Familien
Der Drogentoten?
Was wird aus den Junkies,
Die im Knast zittern?
Menschen, die suchtkrank
Sind und waren, verlieren
Wir in Scharen an den Strom
Aus Konsum und wieder Konsum.

Krankheiten können heilen.
Die Sucht lässt sich vertreiben.
Doch der Staat muss investieren,
Sonst wird er noch mehr Menschen
An die vielen Süchte verlieren.

Sucht ist eine Krankheit und
Es gibt Heilung und Freiheit.
Ich habe das Licht eines besseren
Lebens gesehen!

Politiker

Politiker reden und reden
Und die Menschen quälen
Sich durch ihr Leben,
Weil Politik nichts geregelt kriegt.

Es ist leicht, zu meckern
Und schwer, es besser zu machen.
Sie reden und überlegen
Und kriegen teure Diäten.
Sollten wir nicht mehr
Für unser Steuergeld kriegen?

Wir wählen einen von ihnen
Und hoffen seit Jahren,
Den richtigen zu wählen.
Aber weder Frau noch Mann
Im Parlament machen aktuell
Einen guten Job, denn all
Ihre Projekte floppen.

Gibt es irgendwo ein Land,
Das in der Hand von
Guten Politikern liegt?

Ungleich verteilt

Soziale Gerechtigkeit
Wird zu einer Floskel.
Mit ihr verschwindet
Die alte Freiheit.

Der Arme wird ärmer
Und der Reiche reicher.
Kann es denn keinen Weg geben,
Auf dem beide reich werden?

Kaviar und Hummer
Oder den Kummer runterschlucken
Und bei den Tafeln in der Reihen
Stehen und Essensspenden annehmen.

Wir sind so reich.
Wir sind so arm.
Wir sind ein Volk
Sozialer Ungerechtigkeit geworden.

Wir können unsozial bleiben.
Wir können Ayn Rand folgen.
Wir können sogar libertär werden.
Aber all das wird keinen sozialen
Frieden schaffen.

Metallschlangen

Gefühle in der Bahn.
Viele Menschen.
Irre starren.

Zu viele Augen,
Die verwirrt und
Traurig schauen.

Ein Ameisenhaufen
Nennen es die sozialkritischen
Philosophen, aber Ameisen
Sind sich nicht so fremd
Wie die Menschen dieser Stadt.

Ein Grab aus Lebenden
Und Betrunkenen und
Solchen, die kurz vorm
Psychischen Zusammenbruch stehen.

Gefühle auf dem Bahnsteig.
Meine Lust entgleist.
Ich will nicht hier sein.

Efeu Liga

Die angehenden Akademiker
Von heute sind arme Leute.
Die Akademikerinnen natürlich auch.

Sie zahlen horrende Mieten
Und hohen Gebühren,
Falls ihr Studium etwas taugen soll.

Schlimmer noch:
Sie unterliegen dem härtesten
Sozialen Druck, viel zu saufen
Und hart zu ficken und
Dem politischen Terror
Gewisser Campus-Gruppen.

Die Universität war einst
Das Sprungbrett in den Wohlstand.
Schöne alte Zeit.
Die Inflation der Studierenden
Mildert den Wert jedes Studiums.
Schlimmer noch:
Die künstliche Intelligenz
Könnte alles Studierte obsolet machen.

Bildung als Chance ade.
Anime und LSD-Zauberfee
Sind kein Glücksklee
In einer hektischen Welt.
Das Budget ist im Studium knapp
Und später wird es knapper,
Bis du den Studienkredit
Abbezahlt hast.

Weltveränderungen

Veränderung.
Alle schrien Veränderung!
Alle wollten, dass sich etwas
Verändert.

Es hat sich verändert.
In nur wenigen Jahren
Haben sich die Grundfesten
Verändert.

Die Veränderungen waren
Nicht klein. Etwas hat sich
Essentiell verändert.

Nur besser ist es nicht
Geworden. Die Veränderungen
Brachten einen Rückschritt in
Alte Muster und einen Fortschritt
In einigen Bereichen, die so dramatisch
Sind, dass es der ganzen Welt
Jetzt deutlich schlechter geht.

Es gibt Veränderung
Und Verbesserung.
Glaubt an den Weltfrieden und
Lasst den Terror der Fanatiker
Euer Herz nicht vergiften!

Einzelhaft

Reicht die Zeit
Oder verstreicht sie,
Bevor das Ziel erreicht?

Hungernde Kinder.
Sterbende Wälder und
Ausufernde Kriege.

Die Uhr schlägt zwölf.
Der letzte Tag der Menschheit
Scheint verdammt nah.

Erwachen wir
Aus unserm blinden Konsum
Zu sozialer Harmonie?

Reichen wir uns die Hände,
Um gemeinsam die Wende
Einzuläuten?

Nein. Wir achten nicht
Der anderen Gesicht.
Jeder kämpft für sich!

Vergessene

Alter Mann. Wenig Geld.
Seitdem Alter ein Symbol
Für Armut ist, ist der Alte
Nicht mehr gern gesehen.

Alte Frau. Ohne Aufgabe.
Seitdem die Kinder hunderte
Kilometer weit weggezogen sind,
Ist sie nur noch im Videochat
Eine Oma. Wertlosigkeit.

Was der Junge dem Alten antut,
Wird der Jungen Los,
Wenn das Alter sie einholt.

Wir vergessen die,
Die uns erzogen.
Wir übersehen ihre Bedürfnisse,
Weil uns die neueste Werbung
Viel mehr interessiert.

Wir verlieren den Kontakt zu allem,
Was nicht den jugendlichen
Schönheitsidealen der Medien entspricht.

Kriegsmacht

Der Krieg teilt die Welt.
Er zerreißt unser Land
Und bringt Streit und Zank
An den Familientisch.

Jede:r glaubt, auf
Der richtigen Seite zu stehen.
Aber welche richtige Seite
Kann es geben außer dem Frieden?

Wir brauchen die Einheit
Unseres Landes.
Wir müssen uns feiern
Und zueinanderfinden.
Wir müssen fühlen
Und uns wieder spüren.

Der Krieg hat Macht.
Er besitzt die Kraft,
Uns gegenseitig aufzuhetzen.

Der Geist des Krieges ist mächtig.
Jeder wirkt plötzlich verdächtig,
Zum Lager des Feindes zu gehören.

Der Weg des Krieges schlachtet
Als Erstes die Wahrheit.
Dann raubt er Mann für Mann,
Bis die Kinder dran sind.

Weimar 2.0

Zum ersten Mal seit fünfzig Jahren
Wird die Nahrung knapp.
Zum ersten Mal seit fünfzig Jahren
Wird das Wasser rationiert.
Zum ersten Mal seit hundert Jahren
Riecht es nach Bürgerkrieg.

Das Volk zerrissen.
Die Wahlen beschissen.
Die Armen verlieren ihr Gewissen
Und sind bereit, allen Extremisten
Zu dienen, wenn sie nur
Ihre Bedürfnisse befriedigen.

Die Inflation frisst den Lohn
Und lässt kaum genug übrig,
Um die Kinder zu ernähren.
Die Klimawandelsommer brennen
Und sie verzehren das Grundwasser,
Dass nichts für unsere Beete bleibt
Außer Frustration und Neid.
Die Flüchtlingsfrage dieser Tage
Ist das Zünglein an der Waage.
Einst hat der Kriegsflüchtling Hitler
Die Weimarer Demokratie besiegt.
Dieser Tage hagelt es Anschläge
Auf Politiker und alle fühlen,
Weimar steht aus seinem Grab auf.

Hilflos

Hilfe ist nicht unterwegs.
Keine holt uns hier raus.
Die Scheiße reicht bis zum Hals.
Das System kollabiert
Und reißt alles mit sich.

Allein. Desorientiert.
Verwirrt. Ohnmächtig.

Der tiefe Fall einer Welt,
Die eben noch alles hatte.
Dann kam die Krise und
Sie offenbarte die Risse.

Flickenteppich. Dunkles Loch.
Abgründe tun sich auf.

Hilfe wird nicht kommen.
Wir sind verloren.
Unsere Welt ist verdammt.
Die Liebe ist verbrannt.

Suchtdruck

Familien zerfielen
Am Suchttriebe.
Aber er stand auf
Und besiegte die Sucht.

Längst ist die Sucht
Zum größten Feind
Der Zivilgesellschaft geworden.
Längst zerreißt die Sucht
Mehr Familien als der Krieg.

Ein Staat scheitert.
Nicht immer sind Krieg
Und Inflation der Grund.
Auch die Sucht ist ein Grund.
Auch die Sucht ist stark genug,
Ein Land zu zerstören.

Es ist genug mit der Sucht
Und Zeit für eine Selbstzucht,
Die einen inneren Krieger formt,
Der der Sucht Einhalt gebietet.

Vergeben

Wenn Unrecht zu Recht wird,
Wird Widerstand zur Pflicht.
Aber wenn Widerstand zu Unrecht wird,
Sind wir dann in einem
Ewigen Kreislauf der Gewalt gefangen?

Auge um Auge
Wird die Welt blind.
Zahn um Zahn
Werden wir nur noch
Suppe löffeln.

Unsere Welt braucht die Rache
Nicht mehr. Denn Rache
Ist nicht fair. Rache
Ist nicht weise. Rache
Ist nur ein Kreislauf endloser Gewalt.

Vergeben wir,
Um unser Land zu retten.
Vergeben wir,
Um unser Volk zu heilen.
Vergeben wir,
Um dem Frieden
Eine echte Chance zu geben.

Quere Seitenverhältnisse

Der Krieg
Ist die neue Realität.
Ob im Nordosten
Oder Nahen Osten:
Sie morden und töten sich,
Als ob der andere kein
Menschenrecht auf Leben besitzt.

Es ist krank
Und es ist uralt.
Der Leichengestank
Ist das Ergebnis der Gewalt.
Die Welt hasst sich
Nicht, aber Menschen kämpfen
Gegen Menschen ohne Sinn und Herz.

Unsere Städte zerreißen
Zwischen den beiden Seiten.
Die Kriege sind fern,
Aber jeder wählt eine Seite.
So wird ein ferner Krieg
Zu unserem Krieg, bei dem wir
Wie alle anderen verlieren.

Frieden ist die einzige Seite,
Die siegen kann und darf.

UN

Die Welt zerfällt
In neue Blöcke.
Die alten Nachnamen
Mit neuen Waffenarsenalen.

Hybride Kriegsführung
Ist der neue Slogan.
Tod aller Hoffnung
Scheint die neue Losung.

Die Generalität zählt
Wieder und Soldaten sterben.
Das Volk wählt und
Wählt des Feuers Erben.

Der soziale Frieden
Wird zu bloßer Illusion.
Der Wille, militärisch zu siegen,
Ist für die Soldatenmütter Hohn.

Eine Welt rast auf den Abgrund
Zu und wird zerschellen.
Der alte Traum vom Völkerbund
Ist wieder einmal gestorben.

Geben

Gründe gibt es viele
Und dennoch tut keiner was.
Korrupte Lebensziele
Und falscher Strass.
Die Menschheit verroht
Ohne Kompass.

Der falsche Weg
Führt in die Krise.
Der Sprung vom Steg
Geht in die Miesen.
Geld im Überfluss.
Russischer Todeskuss.

Teures Militärgerät.
Zerrissene Gesellschaft.
Wer seine Werte verrät,
Wird sich selbst abschaffen.
Der Verrat am System
Wird viele Leben ruinieren.

Die Gründe bleiben eisern,
Wie viele werden bleiben,
Wenn Taten gefordert sind?

Vergessen im Sumpf

Sie brach zusammen
In meinen Armen.
Ihr Cousin ermordet
Im Sumpf. Raubüberfall.
Zu viele sterben dieser Tage.

Zu wenig tut die Politik
Gegen die Ursachen.

Armut und Korruption
Nähren Neid und Missgunst.
Aber die Herrschaft einzelner
Über einen langen Zeitraum
Ist der größte Nährboden
Für Krieg und Gewalt.

Sie weint
Zusammengekauert im Bett.
Sie erinnert sich an das Gesicht,
Welches nicht mehr lebendig ist.
Sie ruft seinen Namen
In ihren Gedanken und
Sie betet zu ihrem Gott,
Dass er ihm eine neue Heimat gibt.

Der Tod ist das Los aller.
Doch der zu frühe Tod
Sollte keines Menschen Los sein.

Triebkräfte

Träume treiben
Gegen alle Gegner.
Hoch türmen sich
Die Barrikaden.

Der Sturm auf die Polizei
Folgte dem jahrhundertealten Schrei
Der Bastille.

Die Fesseln alter und neuer Knechtschaft
Müssen verschwinden.
Weder Lohnknechtschaft noch
Digitales Prekariat.
Die Ketten der Weltwirtschaft
Werden gesprengt.
Wir handeln gern und sind
Trotzdem autark.

Träume treiben
Auf die Straßen
Und wir streiten uns
Um eine gerechtere Welt.

Wir sind Stars!

Die größte Nummer des Planeten.
Davon träumen sie alle.
Sie wollen ganz oben sein,
Wenn die Massen zu ihnen schreien,
Sie bejubeln und anhimmeln.

Wir alle wollen Stars werden
Und uns über die Herde
Der Mittelmäßigen erheben.
Denn oben gibt es keine Sorgen,
Wir müssen uns nie Geld borgen,
Weil wir immer genug haben
Und jeder zollt uns Respekt.

Der Traum vom reich sein
Ist der Traum vom frei sein.
Der Traum von der Berühmtheit
Ist der Traum von Freiheit.
Der Traum vom großen Sieg
Ist nur ein Freiheitslied.

Wir wollen frei sein
Von den finanziellen Zwängen
Und dem Gefühl, dass wir
Ein hilfloses Rädchen im System sind.

Land und Leute

Ein entvölkerter Landstrich.
Die Landflucht ändert das Bild
Einer Gegend, die seit tausenden
Jahren zusammenhielt.

Der Ruf der Stadt
Besitzt enorme Macht.
Die Stadtluft ruft und
Jeder glaubt zu finden,
Was er sucht.

Sie ist ein Dorfkind,
Aber sie wollte herausfinden,
Ob sie stark genug für die Stadt ist.
Vierzig Typen gingen durch ihr Bett.
Alle fanden sie nett und keiner rief
Jemals wieder an.

Ihr Herz wurde stumpf.
Ihr Make-up exorbitant.
Das liebenswerte Dorfkind verblasste
Und machte der rauen Städterin Platz.

Subprime

Kredite machen
Die Reichen reicher
Und die Armen
Legen sie in Ketten.

Der Kredit erschlägt.
Der Kredit erwürgt.
Der Kredit macht die Haare grau.
Der Kredit raubt die Frau,
Weil der Stress zu Streit
In der Beziehung führt.

Für ein Haus
Alles aufgegeben
Und sich verzockt.
Die Inflation kam.
Die Zinsen zogen an und
Das Finanzkonzept ist geplatzt.

Reiche Kredite für die Reichen.
Arme Kredite für die Armen.

Reiches Mindset

Dicke Uhren, schnelle Autos
Und leicht bekleidete Frauen,
Damit fängt man arme Männer
Und wickelt sie ein, bis sie
Alles tun, um einem zu folgen.

Die Armen sind die Armen,
Weil sie sich so schnell
Auf den Arm nehmen lassen.

Wahre Werte führen
Aus der Armut.
Bildung und harte Arbeit
Führen aus der Armut.
Statussymbole fesseln
An einen Kreislauf ewiger Armut.

Äußerlichkeit erscheint
Unumstößlich mächtig.
Aber alle Erfolg kommt
Aus einem erfolgreichen Mindset.
Wer sich an Äußerlichkeiten
Klammert, wird immer
Das Nachsehen haben.

Uhren. Gold. Aktien.
Sind nie so viel Wert
Wie ein erfolgreicher Charakter.

Mainstream

Was passiert,
Wenn passiert,
Womit keiner rechnet?

Es könnte die Atombombe sein
Oder der Weltfrieden.

Kennen wir die Zukunft
Und kennten wir die Zukunft,
Würden wir sie
Verändern wollen?

Was ist dein Ziel,
Wenn du zwischen Millionen
Anonymen Menschenameisen
Ziellos durch die Stadt ziehst?

Betrunken randaliert.
Eine Selbstmitleidige gefickt.
Ein bisschen Dope gekriegt
Beim Park und später
Einfach komatös rumgelegen.
Das ist dein Leben.
Du bist im Großstadt-Mainstream.

Relevanz des Systems

Ich bin ein Fehler im System.
Ich bin eine Anomalie.
Manche fänden das schlecht,
Aber ich liebe es.

Ich will nicht Teil
Eines Systems sein,
Das blind für die Probleme
Und taub für die Sorgen
Seiner Bewohner ist.

Sieht uns das System?
Wir sind ein Problem,
Weil wir behaupten,
Wir sind ungesehen.

Hört uns das System zu?
Wir haben das Gefühl von Betrug,
Wenn wir über die Politik
Von heute nachdenken.

Liebt uns das System?
Fühlst du dich geliebt
Von diesem Land oder
Hast du den Eindruck,
Einfach nur allein
Gegen Windmühlen zu kämpfen?

Das System und wir.
Wir und das System.
Wo ist das Problem?

Die Taschen der Lobbyisten

Soziale Qual
Vor und nach
Der Wahl

Plakate voll mit Lügen!
Sie betrügen
Uns seit vielen
Jahrzehnten.

Die Sozialdemokratie
Verspricht seit Jahrzehnten
Etwas für Alleinerziehende zu tun
Bis heute ist nichts passiert

Die große Wahl
Wird zu Hohn und Qual
Wer glaubt noch an die Illusion
Dass es danach besser wird?

Sie wollen Diäten
Sie wollen Posten
Nach ihrem Mandat und so gewähren
Sie den Lobbyisten mehr Einfluss
Als dem Rest des Volkes

Wer wahrhaft wählt
Sind die Lobbys
Für alle anderen ist die Wahl
Längst leere Qual

Arbeitskultur

Hektik pur,
Aber nicht von Natur.
Der ganze Stress wächst
Aus einer falschen Kultur.

Kann man entspannen
Und trotzdem Sachen schaffen?
Warum denn nicht?
Warum leben wir in einer Kultur,
Wo man glaubt, nur
Mit Hektik und Stress
Gewinnen zu können?

Entspannen.
Einfach entspannen.
Dinge laufen lassen
Und gewahr werden,
Wie es besser geht.

Erst einmal meditieren,
Um zu kapieren, wie wir
Es besser machen können.
Einfach mal genießen
Und trotzdem große Sachen sprießen
Lassen.

Nah dran

Frieden in den Straßen,
Hütten und Palästen.
Als ich jung war,
Fühlte sich diese Wahrheit
So nah an.

Heute ist das eine Illusion.
Wir hetzten zwischen den Katastrophen
Hin und her und verlieren
Allen inneren Frieden.

Verloren ist es,
Aber nicht verloren
Für immer.

Was fehlt,
Ist ein neuer Prozess.
Den können wir wählen,
Indem wir begreifen,
Welche Werte wirklich zählen.

Mehrmals waren wir nah dran
Und das heißt, wir können
Wieder nah dran sein.

Die Frage ist, kommen wir weiter
Als nur nah dran?

Wahn-Sinn

Glücksspiel.
Chaos auf den Straßen.
Wahnsinn in der Wohnung.
Die Welt wird verrückt.
Sie ist total kaputt.

Immer mehr brechen ein.
Immer mehr brechen zusammen.
Immer mehr werden arm.
Immer mehr nehmen Drogen,
Um vor der Realität zu fliehen.

Das Chaos der Stadt
Ist purer Wahnsinn.
Das bisschen Glück
Kriegst du nicht zurück!

Sex und Ecstasy.
Alk und knutschen.
Stabilität ist ein Fremdwort
In zeitgenössischen Beziehungen.
Jeder folgt dem Drang,
Zerstört seine Vernunft
Und endet im Wahnsinn
Schreiend auf dem Klo vorm Spiegel.

Rauf und runter

Schmerz ist ein Lehrer.
Schmerz ist unvermeidbar.
Schmerz ist die Erfahrung
Aller Schichten und Klassen.

Wir straucheln und
Wir taumeln am Strick der Inflation.
Wir fallen und wir lallen,
Weil wir betrunken von
Den vielen Krisen sind.

Gehen oder bleiben wir?
Stillstand bedingt Fortschritt.
Fortschritt führt zum Stillstand.
Der Kreislauf der Konjunktur
Begünstigt die reichen Bullen
Und benachteiligt die armen Bären.

Die Achterbahnfahrt
Der Wirtschaft
Ist eine Achterbahnfahrt
Steigender Ungleichheit.

Mein Tagtraum

Ich träumte für eine Sekunde
Einen Traum und er war
So schön anzuschauen.

Eine Welt des Friedens
Mit sozialer Gerechtigkeit,
In der sich alle lieben.

Die Hartherzigen verlieren
Ihre Hartherzigkeit.
Die Kaltherzigen
Finden die Wärme wahrer Liebe.

Jeden Tag lachen und
Glücklich aufwachen.
Das sah ich in meinem Traum.
Es war schön anzuschauen.

Die Kalten und Hartherzigen
Vergiften uns und sich selbst.
Weil sie nicht nett sein wollen,
Sollen wir den Tribut zollen
Und ewig in einer Welt
Aus Missgunst und Neid leben.

Ich träumte diesen Traum
Und er war so schön anzuschauen.

Longcovid

Die Tropen rufen.
Das Fernweh winkt.
In der Schlange vor dem Impfzentrum.
Ich erinnere mich an die Pandemie.
Viele starben und es hat unser Volk
Zerrissen. Bis heute sind die Wunden
Nicht verheilt.

Auf der einen Seite die Politik,
Die mit Strenge alles durchwinkte
Und ihren Kopf zum Denken vergaß.
Auf der anderen die Verrückten,
Die sich nicht impfen lassen wollten
Und dafür Entwurmungsmittel für Pferde
Nahmen. Die Zeit war verrückt
Und sie hat uns Stück für Stück
An Diktatur und Bürgerkrieg rangerückt.

Wir sind zerrissen und wissen
Nicht, wie wir die Wunden heilen.
Ein tiefes Misstrauen durchzieht
Das ganze Land und keiner weiß
Mehr, ob wir es ein zweites Mal
Ohne Volksaufstand überstehen.

Reichsbürger, Querdenker
Und Islamisten wollten die Pandemie
Nutzen, um aufzusteigen.
Sie waren so erfolgreich,
Dass wir uns fürchten sollten.

Reichtum für alle

Helden gelten
In ungleichen Welten.
Das Gemeinwohl
Ist der Frieden Lohn.

Wohlstand für alle
Oder Wohlstand für wenige.
Beides erlangt man
Auf verschiedenen Wegen.

Alle können wohlhabend sein
Oder nur ein paar wenige reich.
Beides ist möglich.
Die Mehrheit löblich.

Es geschieht,
Was wir hinkriegen
Und wir kriegen hin,
Wonach wir streben.

Wollen wir alle reich machen,
Müssen wir es mit aller Kraft
Wahrmachen.

Die echte Welt

Gemeinschaft schafft
Stärke und Macht.
Unsere Gesellschaft zerfällt,
Weil jeder nur noch
In einem Bildschirm lebt.

Feinde haben wir viele
Und sie warten auf unsere Schwächen.
Kommunisten und Faschisten,
Mordlüsterne Fundamentalisten.
Sie warten auf unsere Schwächen,
Denn das sind keine Netten.
Sie warten auf unsere Schwächen,
Um uns zu knechten.

Sobald die Gemeinschaft fällt,
Ist die Diktatur nah.
Social Media verbrennt Geld,
Das dann für den Aufbau fehlt.
Öffnet die Augen für eure Bruder
Und Schwestern in der echten Welt
Und helft ihnen, aufrecht zu stehen.

A.I.-Loo

Technik ist mächtig.
Technik ist der neue Gott.
Schafft sie soziale Frieden
Oder soziale Ungerechtigkeit?

Bitcoin schreien alle.
Ja, es hilft, um
Den Menschenhandel
Zu organisieren.
Drogen und Waffen lassen
Sich so wunderbar bezahlen,
Ohne Spuren zu hinterlassen.
Pädophile kaufen sich Kinder
Wie Tiere im Zoogeschäft.
All das läuft im Darknet.

Die Technik bringt viel Gutes
Für die, denen es schon gut geht
Und sie macht die Reichen reicher.
Die Technik öffnet Möglichkeiten,
Die es vorher nicht gegeben hat.
Aber werden die Armen in den Slums
Je davon erfahren?

Technogeddon.
Digikalypse.
Internet-GAU.

Arme Armeen

Drei Reiche.
Zwei Weltkriege.
Heute jagen sie wieder Juden
Und die Inflation macht
Die Lebensmittel unerschwinglich.

Führer und Könige.
Warum wünschen sich
Die Menschen starke Anführer?

Ein Mann kann nur allein
Mit harter Arbeit seine Probleme
Und Sorgen lösen.

Krieg trifft die Armen härter.
Die Reichen ziehen nicht in den Krieg,
Zwar wird auch ihr Leben härter,
Aber Entbehrung und Tod
Sind nicht dasselbe.

Die armen Horden aus dem Norden
Müssen sich gegenseitig ermorden,
Weil ihre Anführer sich einen
Drauf wichsen wollen.

Aufeinander zugehen

Lasst uns reden.
Wir müssen die Probleme
Schließlich irgendwie
Angehen.

Lasst uns zuhören,
Denn nur wenn
Wir uns verstehen,
Können wir aufeinander
Zugehen.

Lasst uns starten
Mit irgendwas, um die Welt
Besser zu machen.
Irgendwer muss schließlich
Den ersten Schritt machen.

Lasst uns helfen.
Unsere Brüder und Schwestern
In den Blocks und Straßen warten
Auf uns seit langer Zeit.
Erlösen wir sie!

Eskalation

Sorgen morden.
Probleme zählen.
Leid schweigt.

Das soziale Elend ist zurück.
Es kam auf leisen Sohlen
Und raubt jedes Glück.

Ein einst reiches Land
Ist reicher als jemals zuvor
Und dennoch gibt es mehr
Echte Armut, als es darf.

Reiche reicher.
Arme ärmer.
Das Land zerrissener.
Der Frust wächst und
In irgendeinem Nest
Bereitet ein Terrorist einen Anschlag
Vor. Denn er hofft, die Unzufriedenheit
Führt zum Volksaufstand.

Dann explodiert eine Bombe
Und setzte eine enorme
Dynamik in Gang.

Spritzen auf dem Spielplatz

Projekte. Aspekte.
Sozialarbeiter.
Verstörte Jugend.
Handy und Earpods.
Kabellos. Hirnlos.

Klima. Migranten.
Neue Hakenkreuze.
Juden jagen.
Weimar 2.0.

Fetter Schlitten.
Saufen. Nase pudern.
Ein Baum. Geist.
Totenreich.

Irre Szenen.
Marathon bingen.
Grell. Strobo.
Kopfsalat.
Zerstörtes Weltbild.

Investiert.
Schwarzes Loch.
Unlösbar. Gosse.
Billiger Suff. Druffis.
Ungelöster Psychokonflikt.
Problematische Gesellschaft.

Erleichtert und begeistert

Der Weg in den Abgrund
Scheint vorgezeichnet.
Ein dunkler Schlund
Erscheint am Ende des Tunnels.

Niemand ist erleichtert
Außer um den Wert seines Geldes,
Das mit der Inflation rasant verfällt.
Niemand ist begeistert,
Außer wenn er Glück hat
Und im Lotto gewinnt.

Alles wird unerschwinglich,
Nur der Alkohol bleibt billig.
Alles wird unerreichbar,
Nur Social Media wird reicher.
Billige Unterhaltung für die Massen,
Damit sie sich nicht aufmachen
Und sich ein besseres Land schaffen.

Arme und Dumme,
Mehr noch: Süchtige und Depressive
Sind leichter zu regieren und
Man kann Menschen
Kaputt manipulieren!

Ein Volk

Ein Land am Scheideweg.
Ein Volk im Scherenschnitt.
Lager. Klassen. Schichten.
Milieus. Geschlechter. Kontostände.
Zu viel, das uns teilt;
Zu wenig, das uns vereint.

Volk ohne Herz.
Volk ohne Bund.
Volk ohne Basis.

Wir brauchen etwas,
Das uns vereint,
Um im Sturm zu bestehen.

Wir brauchen etwas,
Das uns heilt,
Um zu überleben.

Wir brauchen etwas,
Das uns verbindet,
Um ein Volk zu bleiben.

Wir müssen träumen
Als Volk.
Wir müssen streben
Als Volk.
Wir müssen wachsen
Zu einem vereinten Volk.

Bevorzugte

Die Kluft schrumpft
Nicht, sie wächst
Und mit ihr wächst
Die Gefahr von Bürgerkriegen.
Ab welchem Grad
An sozialer Ungerechtigkeit
Werden die Menschen rebellieren?
Scheinbar wollen es die Politiker
Dieser Tage herausfinden!

Ungerecht. Gerecht.
Manche Gruppen zählen mehr.
Nur ihre Namen zu nennen
Und sie zu kritisieren,
Kommt gesellschaftlicher Stigmatisierung
Und Ausgrenzung gleich.
So will ich nicht über die reden,
Die in Berlin den Ton angeben
Und alle Aufmerksamkeit kriegen,
Aber ich will erinnern,
Dass das Volk aus mehr
Als aus ein paar Gruppen besteht
Und wir eine Demokratie sind.

Demokratie heißt Volksherrschaft.
Vergesst das nicht liebe Politik!

Risse im Beton

Kritik am System
Wird nicht gern gesehen.
Mächtige wollen nicht hören,
Dass sie alles zerstören.
Dann werden sie aggressiv
Und wollen dich besiegen.

Doch das System kollabiert.
Zu viel liegt schief.
Zu viele sind unglücklich.
Doch nichts geschieht.
Wann wacht die Politik auf
Und tut etwas fürs Volk?

Das Land versinkt
Im ungeahnten Chaos.
Alle Privilegien, die noch vor kurzem
Als unzerstörbar galten,
Sind tot verwaltet und
Zerbröckeln unaufhaltsam.
Das Land steht vor einem Kampf,
Der politisch ist und bei dem es
Ums Überleben geht.

Posttraumatisch

Flügel aus Stahl.
Das Brummen am Himmel
Und die Bomben der Qual.

Jeder Krieg endet.
Doch nur weil die Kämpfe
Aufhörten, stoppt das Leid nicht.

Die soziale Not ist groß,
Selbst wenn die Waffen ruhen.
Soziale Not ist das Los
Aller Kriegswaisen.

Volle Gräber. Leere Mägen.
Tote Träume. Lebendige Not.
Ausgebrannte Seelen und ein Meer
Aus Hoffnungslosigkeit.

Was der Krieg mit sich bringt,
Quält die Menschen länger,
Als wie der Krieg
In der heißen Phase ist.

Wetteraussichten

Ihre kleinen Beine
Und ihr großer Kopf.
Die frischen Kleider
Nach dem Badetopf.

Hast du auch ein Kind
Und ist es gesund?

Ja, es stimmt,
Noch geht's uns gut.

Aber dunkle Wolken
Hängen am Horizont.

Der Saharastaub färbt
Den Himmel blutrot.
Besorgniserregende Zeichen
Begleiten unsere Zeiten.

Da ist Bewegung drin,
Nur die Falschen gewinnen
Und bedrohen das Leben
Unserer Kinder in der Zukunft
Und zwar heute schon.

Zeit zu reden

Hallo Welt:
Zeit einmal Tacheles
Zu reden!

Es läuft schlecht,
Um nicht zu sagen:
Es läuft beschissen.

Alles geht den Bach runter
Und die Politik tut nur noch,
Wie auf dem Catwalk posieren.

Ansehen. Ruhm. Luxus.
Gelten mehr als zuvor.
Zugleich steigt die Kriegsgefahr
Und droht der Klimakollaps.

Klopf. Klopf.
Hallo Welt, bist du da oder
Immer noch im Rausch?

Überholspur

Wir werden sterben,
Dann können wir uns
Wenigstens bemühen, unseren Erben
Eine schöne Welt zu hinterlassen.

Weltkriege, Weltblöcke,
Klimakollaps und soziale Ungerechtigkeit
Waren das Erbe der letzten Generation.
Lasst uns besser sein!

Wie könnten wir das glauben
Angesichts der kranken Traube,
In der die Welt existiert?
Wir rasen auf den Abgrund zu!

D-Zug. Highway. Düsenjet.
Das Tempo ist erschreckend.
Das Ausmaß episch.
Keine Macht ist derzeit vernünftig
Genug, das Richtige zu tun.

Für das kleine Kind.
Für die werdende Mutter.
Für den grauhaarigen Senior.

Freie Haare wehen im Wind

Tränen wehen wegen
Der Frauen, die leben
Müssen in Zwangsehe
Und Vollverschleierung.

Im fernen Land lebten
Sie so für tausende Jahre
Ohne Recht auf Gnade
Oder ein faires Gesetz.

Heute leben sie
Auch so bei uns
In einem angeblich freien Land.

Systemische Gewalt muss
Nicht schlagen, um einzuschüchtern.
Sozialisierte Gewalt muss
Nicht befehlen, um zu wirken.

Das System sozialisierter Gewalt
Wirkt, ohne es zu verbalisieren.
Die Kultur systemischer Gewalt
Wirkt, ohne laut zu fordern.

Internalisiert ist die Angst,
Wie beim indigenen Afrikaner die Angst
Vorm Gott der Kolonialisten.
Ihre Macht ist ein Produkt
Aus Jahrtausenden Unterdrückung.

Grenzen

Wir leben,
Aber wir übersehen,
Wie viele von uns sinnlos
Leiden.

Soziale Systeme
Erzeugen mehr Probleme,
Als sie dieser Tage lösen.

Gerechtigkeit wird
Derzeit ungerecht,
Denn sie wirkt rein
Selektiv.

Wir sind viele,
Aber am Ende nur
Sand im Getriebe.

Einzelne sterben,
Ohne zu vererben
Und nähren sozialen Unfrieden.

Könnten wir nur tun,
Was die Schriftsteller
Träumen, wir würden
Die Welt in ein Paradies
Verwandeln.

Straßenkämpfe

Weniger Hass.
Mehr Liebe.
Aber die Ideologien,
Die Hass predigen,
Nehmen zu und werden
Vom Staat nicht gestoppt.

Wer leidet unterm Islamismus zuerst?
Es ist das einfache Volk.
Wer wird zuerst vom Kommunismus
Bedroht? Es ist das einfache Volk.
Wen wird der Faschismus zuerst töten?
Es ist das einfache Volk.

Die da oben
Lassen uns hier unten
Im Stich.

Wir erleben die Gewalt
Und die Verfolgung und
Die systematische Kriminalität,
Aber sie ist systemisch bedingt
Durch ein politisches System,
Das die Augen vor seinem Volk verschließt.

Was bleibt uns, außer die Feinde
Der Freiheit selbst zu bekämpfen?
Wir haben keine Wahl.
Denn denen da oben
Sind wir egal!

Die Hände reichen

Die Schultern des kleinen Mannes
Brechen unter der Last
Der Ungerechtigkeit zusammen.
Das Herz der kleinen Frau
Zerbricht unter dem Schmerz
Der kaltherzigen Welt.

Nicht ist sich
Jeder selbst der Nächste,
Sondern wir haben zugelassen,
Dass sie uns manipulieren,
So dass wir glauben und uns so verhalten,
Als wäre sich jeder selbst der Nächste.

Die Gemeinschaft verbindet.
Die Gemeinschaft vereint.
Die Gemeinschaft trägt.
Die Gemeinschaft befreit
Und sie heilt die Einsamkeit.

Gemeinsam anpacken
Und eine bessere Welt
Für jeden Mann und jede Frau
Erschaffen.

Hartes Pflaster

Die Straßen sind voll
Von irren Prolls.
Sie saufen und raufen,
Und haben keine Scham
Zu vergewaltigen.

Die Nächte sind gefährlich.
Seien wir ehrlich, die Straßen
Der Nacht sind für Frauen
Nicht mehr sicher, aber
Sie waren es einst.

Das Rad der Vernunft
Dreht sich zurück. Unser Land
Ist in der Hand schlechter Ideale.
Wir verlieren jede Sicherheit,
Die wir einst für unverrückbar hielten.

Die Wohnungsnot ist groß.
Die Inflation frisst den Lohn.
Lebensmittelpreise explodieren.
Die Rente wird nicht bis zum Ende
Reichen und mit dem Wohlstandsverlust
Steigen Drogensucht, Gewalt
Und Sexualdelikte ins Unermessliche.

Die Straßen sind hart.
Da ist nichts mehr von der zarten
Romantik meiner Kindheit.

Reiche Familien

Der Preis einer heilen Gesellschaft
Ist harte Arbeit. Unsere Altvorderen
Schufteten und deshalb können wir
Heute so viel Wohlstand genießen.

Unser Wohlstand geht flöten
Und zur Krönung tun alle meckern,
Statt sich in die Hände zu spucken.
Meckern macht nicht reich,
Aber es hat den Preis, stumpf zu machen.

Harte Arbeit schweißt
Ein echtes Volk zusammen.
Deutscher Fleiß war der Preis,
Den unser Volk für Jahrzehnte
Guter Lebensbedingungen zahlte.

Faulheit und chillen
Werden die Probleme
Einer armen Familie nicht lösen.
Alkohol und fernsehen
Werden keinen Wohlstand bringen.
Aber es gibt einen Weg
Zu Reichtum und Geld und
Ein Blick in die Geschichte verrät,
Wie er geht.

Unschuldige Kinderaugen

Hoffnungen
In Kinderaugen.
Wenn sie spielen,
Träumen sie, als wäre die Welt fair.

Wir beide wissen,
Die Welt ist nicht fair
Und Gerechtigkeit immer noch
Ein literarisches Produkt.

Wir beide haben erlebt,
Wie unfair die Welt sein kann
Und wir wissen, die falschen Leute
Werden die Liebheit unserer Kinder
Schamlos ausnutzen, wenn wir
Es nicht verhindern.

Dies ist keine gerechte Welt.
Dies ist keine faire Welt.
Dies ist eine gespaltene Welt.

Wollen wir unsere Kinder später
Lachen sehen, müssen wir heute
Für ihre Rechte kämpfen!

Kein Kriegszwang

Frei bleiben,
Wenn Autokraten ihre Agenten
Durch unsere Straßen schicken.
Der kleine Mann wird alles verlieren,
Wenn er nicht aufsteht,
Um die Feinde des Demos zu besiegen.

Sie verführen die armen Seelen,
Damit sie für sie Krieg führen
Und andere arme Seele,
Die verführt wurden, ermorden.

Im Krieg traten für viele Jahre
Arme gegen Arme an,
Während die Mächtigen und Reichen
Zu Hause verweilten und
Die Nachrichten von der Front feierten.

Lasst euch nicht dazu verführen,
Für sie Krieg zu führen.
Sie werden euch betrügen,
Wie sie es seit Jahrtausenden tun.

Frei bleibt der Mann,
Wenn er die Hand des Fürsten abschlägt.
Frei bleibt die Frau,
Wenn sie niemals den Priestern traut.

keinerlei Fraktionen

Fahre rechts.
Fahre links.
Du wirst kaum einen
Unterschied finden.

Sie wollen uns alle in Lager stecken,
Wenn wir nicht sagen und denken,
Was sie von uns erwarten.

Wir sind das Volk und
Nicht geteilt in Klassen oder Rassen.
Wir brauchen keine Irren,
Die uns erzählen, mit wem
Wir nicht zusammen gehören.

Wir sind ein Volk
Und nicht in Klassen und Rassen geteilt.
Ich leugne die Existenz von Klassen und Rassen,
Ich lehre die Gemeinschaft mit allen.

Fahre nicht links.
Fahre nicht rechts.
Fahre nicht einmal in der Mitte;
Fahre einfach nur frei und glücklich!

Macht

Macht erschafft.
Ohnmacht darbt.

Das Spiel der Welt
Besteht nicht aus Geld,
Wie die meisten glauben.
Es ist die Macht, die entscheidet
Und wahre Macht ist mit Geld
Nicht zu kaufen.

Es gibt eine Pyramide
Wie im alten Ägypten.
Sie ist das Symbol unserer Gesellschaft.
Ihre Spitze ist das Zentrum der Macht.
Wer es an ihre Spitze geschafft hat,
Sitzt auf dem Thron der Erde.

Macht und Ohnmacht.
Eine Schlange und ein Hase.
Sei flink und schlage Haken,
Wenn dir die Macht fehlt,
Denn Schläue und Intelligenz
Sind auch Formen der Macht.
Denn jede Spitze kann entthront werden
Und alle Erben enterbt werden.

Das Spiel der Macht
Steht niemals still.

Frei feiern

Freie Welt
Oder Illusion?
Sind wir eine Demokratie
Oder eine GmbH?

Am Ende ist Freiheit immer begrenzt,
Aber dennoch gibt es einen Unterschied
Zwischen einem gerechten Land
Und einer kranken, fiesen Diktatur.

Kommunisten und Faschisten
Wollen unsre Rechte ersticken.
Monotheistische Fundamentalisten
Wollen uns zwingen, zu denken,
Was ihre komischen Bücher befehlen.
Militaristen wollen uns nicht beschützen,
Sondern ihren Soldatenstaat errichten
Und die Oligarchen befeuern Inflation
Und Instabilität, damit sie reicher werden.

Wir erheben unsere Stimmen
Und wir singen das Lied der Freiheit.
Wir werden niemals schweigen,
Ehe nicht alle Menschen
In Freiheit leben und selbst und
Ohne Zwang und Beeinflussung wählen.

Fataler Eskapismus

Lange Nächte
In verschwitzten Clubs.
Tanzen und vögeln,
Was nicht bei drei
Auf den Bäumen ist.
Das ist das neue Lebensgefühl
Einer Single-Hauptstadt.

Nachts im Bett allein
Oder neben einem nackten Fremden.
Einsamkeit in den eigenen
Vier Wänden.

Ausgespuckt vom Bordstein,
Aus ist der Traum von der Skyline.
Wenige kriegen ein Stück vom Kuchen,
Doch nur um die Masse zu beruhigen,
Damit sie weiter malocht,
Weil sie glaubt, dass es möglich ist,
Zu entkommen.

Zwischen Einsamkeit, Coolsein
Und ständig steigender
Finanzieller Unsicherheit.
Aber der Alkohol am Wochenende
Wird die Probleme schon richten
Und falls nicht, gibt´s immer noch
Die Möglichkeit auf harten Sex!

Reaktionär

Strukturwandel
Und Krise.
Inflation und soziale Kastration.
Zu wenig Lohn für vierzig Stunden
Plus Überstunden.

Enthemmte
Wirtschaftskreisläufe.
Gesprengte Lieferketten.

Wenige ohne Not.
Viele mit leeren Konten.
Noch gibt es Essen,
Aber Wohnungen sind schon weg.

Strukturelle Krise.
Auffangbecken.
Flüchtlingsströme bringen
Ihre Zustände mit.
Wohlstandsverlust ist
Die neue Realität.

Was ist gerecht,
Wenn Gerechtigkeit
Nicht bezahlt werden kann?

China

Kummer und Sorgen
Könnte ich dir borgen,
Aber du trägst genug
Eigenen Kummer und Sorgen.

Unsere Welt ist kalt.
Keiner kümmert sich mehr.
Er herrscht Ellenbogengewalt.
Es wächst das ausgebrannte Heer.

Allein unter vielen.
Millionen verlorene Seelen.
Gerechtigkeit ist aufgerieben.
Wir werden alles verlieren.

Angst und Ohnmacht
Sind die neue Kultur.
Unterdrückt von der Macht
Der Überwachungsstruktur.

Kein Ende in Sicht.
Eine traurige Zeit beginnt.
Solange alles überwacht wird,
Gibt es kein Glück in dieser Welt.

VerwIrrungen

Einer mehr.
Einer weniger.
Was ist richtig?
Was ist falsch?

Das Internet ist voll
Von Ratschlägen.
Aber hinter denen
Verstecken sich Eigeninteressen
Und nicht unser Wohl.

Verwirrung ist das Maß
Unserer Zeit.
Zu viele Informationen
Überfordern uns.
Zu viele Meinungen
Verwirren uns.
Am Ende vergessen wir,
Was oben und unten ist.

Links. Rechts.
Rechts. Links.
Wer kann den Unterschied
Noch verstehen?

Eine klare Linie,
Die uns guttut,
Würde uns guttun.
Am besten sollte sie noch
Die Gesellschaft verbessern.
Aber wo gibt's sowas?

Gefallenes Land

Augen sehen
Und missverstehen.
Eine Welt geht unter
Am Missverstehen.

Gefangen in Vorurteilen
Werden wir uns nie befreien
Von dem Zank und Streit,
Der dem Krieg den Weg bereitet.

Unsere Gesellschaft stinkt
Und die Menschen siechen,
Weil wir uns hinter Traditionen verkriechen,
Die zu nichts als Zwietracht führen.

Unser Land kann heilen
Und sich endlich befreien.
Wir können uns die Hände reichen
Und wirklich zuhören.

Die Harmonie eines Volkes
Ist das Produkt guter Herzen.
Gute Herzen lassen sich formen
Mit vernünftigen Normen
Und einem offenen Geist.

Lametta

Wege aus der Krise
Sind viel zu oft
Wege in die nächste Krise

Die Politik nimmt uns
Als Versuchskaninchen
Auf ihrer Spielwiese

Sie testen und verpesten
Unsere Zukunftsaussichten
Mit halbgaren Reformen

Die Krise kam
Und sie kündigte sich
Über Jahre an

Aber die Politik
Hat nichts getan
Nur faul lamentiert

Sie lamentieren
Ohne was auf die Reihe zu kriegen
Und wir müssen ihre Fehler ausbaden
Ist das zu ertragen?

Einzigartig

Viele Menschen.
Auf den Straßen. In den Bahnen.
Auf dem Friedhof. In den Gräbern.

Geboren. Gelebt. Gestorben.
Als ob das alles wäre.
Als ob das schon sagt,
Wer wir wirklich sind.

Wir sind ein Gedicht
Und eine Abenteuergeschichte
Und ein tragisches Liebeslied.

Wir sind ein Film,
Der gerade gedreht wird.
Wir sind der Protagonist
Und für andere ein Statist.

Wir sind ein Stern am Horizont
Und wir strahlen hell,
Egal, wie viel Schmutz die Welt
Über uns ausschüttet.

Wir sind ein Traum
Und trotzen jedem Albtraum.
Hört uns. Seht uns und versteht,
Wer wir wirklich sind.

Wehrpflicht

Einfache Männer,
Die zu Bestien werden,
Um ihr Land zu beschützen.

Der Feind schickte
Drohnen und Raketen.
Wer kann den Angriffen
Einhalt gebieten?

Viele starben. Wie viel mehr
Sterben, wenn sie nicht
Gegen den Feind kämpfen?

Es gibt Feinde der freien Völker.
Wir alle kennen ihre Namen:
Faschisten, Kommunisten und
Fundamentalisten.

Sie wollen uns knechten
Und zu ihren mentalen
Sklaven machen.

Krank ist ihre Gier,
Uns beherrschen zu wollen.
Angst macht auch mir der Sog,
Doch ich wehre mich,
Denn eine Wahl habe ich nicht.

Verschlimmbessern

Gibt es Hoffnung
Auf eine bessere Politik?
Es gibt keine Hoffnung
Auf eine bessere Politik,
Solange es nicht bessere Politiker
Und Politikerinnen gibt.

Sind die PolitikerInnen
Von heute wirklich so schlecht?
Die PolitikerInnen von heute sind
Wirklich so schlecht.
Die einen sind korrupt,
Die andere ist total oberflächlich
Und gibt Steuergeld für Kosmetik aus.
Die meisten sind zu faul
Und alle gucken nur auf ihre Diäten.

Sind wir mit dieser Politik
Dem Untergang geweiht?
Wir sind mit dieser Politik
Dem Untergang geweiht.
Wir alle werden den Preis
Für ihre Unfähigkeit bezahlen müssen.
Wir alle sind verdammt
Im Strudel ihrer Inkompetenz unterzugehen.

Könnte es eines Tages
Besserer PolitikerInnen geben?
Wer vermag das schon zu sagen,
Ob es eines Tages
Bessere PolitikerInnen geben wird?
Wir können träumen.
Wir können sie uns wünschen.
Am Ende sind wir ihnen
Schutzlos ausgeliefert.

ungerecht

Gerecht
Ist das Leben des Knechts
Nicht

Fair
Ist der Schleier
Der Zwangsehe nie

Wir gucken weg
Weg von den Ausgebeuteten
Weg von den Zwangsverheirateten
Weg von den Zwangsprostituierten
Weg von den Niedriglohnsklaven

Gerecht
Ist diese Welt
Nicht

Gerechtigkeit
Findet sich immer weniger
In unserem Land

Wir können es nicht mehr ändern
So wie in den meisten Ländern
Haben sich auch unsere Politiker
Ans große Kapital gebunden

Ordnende Kräfte

Dreckige Kinderhände.
Halboffene Käfige.
Ein System aus
Konditionierter Gewalt
Braucht keine Ketten mehr,
Es maßregelt durch bloße Implikation.

Das Weib schreit,
Denn es weiß um das Leid
Seiner Schwester. So schreit
Es für das Kopftuch und den Hijab,
Um den langen Arm der Gewalt
Zu besänftigen und um dem System
Keinen Grund zu geben,
Die Steine zu erheben oder die Peitsche.

Manche Grenzen
Sind nur Gedanken.
Viele soziale Schranken
Sind nur Traditionen.
Aber sie funktionieren,
Weil sich keiner traut,
Sie infrage zu stellen.

Ordnung waltet
Mit ordnender Gewalt.
Bis die Gewalt so gewohnt ist,
Dass Ordnung ohne Gewalt
Walten kann.

Unbekannt verstorben

Ein einsamer Tag
In einer Millionenstadt.
Tausend Gesichter
Keine geteilte Geschichte.
Entfremdung ist die Währung
Der globalisierten Welt.

Wir sind gleich
Und zugleich unerreicht
Für unsere Gleichen.
Wir sind frei
Und frei vom Verein
Unserer Freiheit.

Fremde Menschen,
Die sich mental bekämpfen.
Ferne Leute
In der anonymen Meute.
Ein bekanntes Gesicht
Ist nicht in Sicht.

Eine Stadt mit Millionen Einwohnern,
Wo jeder alles für sich ordnet.
Wo die Anonymität das
Mächtigste Gesetz ist.
Wo die Freude am Leben
An Einsamkeit erstickt
Und nur Strick oder Tabletten bleiben.

Schmutz abklopfen

Verlieren.
Untergehen.
Am Krückstock gehen.
Reuig zurücksehen.
Oder in die Hände spucken
Und es ein weiteres Mal versuchen.

Die Welt ist hart.
Sie ist rau und ungerecht.
Niemand schenkt dir was
Und wenn, dann will er was dafür.

Die Gesellschaft
Besteht aus Ellenbogen,
Die uns nichts geben.
Wir müssen bereit sein,
Uns unser Stück vom Kuchen zu holen.

Fallen warten.
Niederlagen kassieren.
Das ist das Leben,
Aber es bedeutet nur,
Immer wieder aufzustehen.

Individualität

Ich lebe!
Aber was ist mein Leben,
Wenn sich alles
Fremdbestimmt anfühlt?

Was bin ich in diesem Land,
Dass mit mir machen kann,
Was es will.

Bin ich fremdbestimmt
Oder bin ich frei?

Die totale Freiheit
Ein Kartenhaus.
Der Weltfrieden
Ein feuchter Traum.

Lebe, obwohl es nicht angeht,
Dort essen zu gehen,
Während wir dabei verlieren.
Und die sagen, so ist das Leben.

Ich lebe!
Und ich will mehr
Vom Leben.
Ich lebe!
Um euch einzuladen.

Zerreißprobe

Zerreißen.
Welten. Herzen.
Gesellschaften.

Was zusammengehört,
Muss nicht zusammen sein.
Ungerecht ist ein Knecht,
Dem es immerzu schlecht erging.

Zwei Teile
Eines Volkes.
Zwietracht. Separation.
Gedanken an Aufstände.

Verbunden. Bund.
Bundesrepublik.
Wo der Bund zerschunden
Von Trollen und Politik.

Zerrissen.
Zusammen flicken.
Vermissen
Der heilen Gemeinschaft.

Blühende Landschaften

Wir könnten,
Wenn wir nur wollten.
Aber etwas hält uns fest.
Die Idee unserer Vergangenheit.
Wer glaubt, was er war,
Bestimmt, wer er sein wird,
Egal, ob das zeigt,
Was er wirklich kann.

Der Olymp der Welt.
Die Spitze des Berges.
Die Krone des Baumes.

Wir sollten
Alles geben für uns
Und für die, die uns am nächsten sind.

Wir sollten,
Weil wir können.
Wir dürfen,
Weil wir können.
Wir können,
Weil will wollen sollten.

Die Gesellschaft blüht.
Du bist die Rose.

Auseinander driften

Schieflage!
Die Sachlage ist eindeutig.

Reiche werden reicher.
Arme immer ärmer.

War das immer so,
Ist es heute schlimmer
Als je zuvor?

Hyperreichtum.
Neues Königtum.
Politiker kaufen,
Um sich alles zu trauen.
Keine Grenzen für die Reichen.
Die Armut sperrt die Armen ein.
Was kann man ohne Geld
In dieser Welt schon tun?

Reichen reicht es.
Arme warnen,
Dass sie nicht genug haben.

Wer löst das Problem und
Lässt Gerechtigkeit leben?

am Wahlvolk vorbeileben

Staatstrauer.
Eklat. Skandal.
Die Welt steht kopf.
Die Hochpolitik tobt.
Aber was juckt das
Den kleinen Mann?

Der einfache Mensch denkt
An Inflation und die Kosten des Stroms.
Er denkt an die Miete und
Hat Angst vor Mietanstiegen.
Er denkt an die Bildung seiner Kinder
Oder das Versagen des Schulsystems.
Er fragt sich, wohin das führt,
Wenn das Rentensystem zerstört wird
Und er will wissen,
Wen er ruhigen Gewissens wählen kann,
Um nicht wieder vier Jahre zu bereuen,
Auf das falsche Pferd gesetzt zu haben.

Medienschlachten
Haben keine Macht
Über die Nöte der Völker.
Denn die wollen essen und trinken
Und dafür nicht viel Geld
Auf den Tisch legen.

Altes Preußen

Kinderschinder.
Kleine Schuppen,
In denen sie schuften.
Tag aus. Tag ein.
Viele Stündlein.

Mein günstiges Shirt
Voller Kinderblut.
Viele Sneaker
Tragen Kindertränen.

Zwölfstunden-Tage.
So wie damals
In der Zeit des Kaiserreichs,
Als Kids in den Fabriken
Malochten.

Kann eine Welt fair
Sein, die keine Schande
Empfindet über ihren Gewinn
Aus harter Kinderarbeit?

Wie fair ist dein Konsum,
Wenn dunkelhäutige Kindersklaven
Jede zweite Kakaobohne ernten?

Wir sind nicht besser,
Nur diversifizierter
Als das alte Kaiserreich.

Kanonenfutter

Postkolonialismus
Und Postfaschismus
War einmal.

Russland und China
Eröffneten gerade den Fanclub
Des Binnenkolonialismus.

Juden jagen
Ist in Deutschland
Wieder populär, nur dass die Neunazis
Jetzt Palitücher tragen
Statt Hakenkreuzen.

Die Welt fällt
In einen archaischen Zustand zurück.
Jeder steht sich wieder selbst
Am nächsten und wer abweicht
Von der Norm, wird emotional ermordet.

Der neue Wettlauf
Um den größten Militäretat.
Das offene Drohen mit Atomwaffen.
Es kündigte sich an,
Doch alle hingen zu sehr
An ihren Handys.

Der kleine Mensch wird leiden.
Die Inflation ihm das Geld
Aus der Tasche reißen und
In Russland die Söhne
An die Front schmeißen.

Schusswunden

Schnelle Worte.
Dumpfer Schlag.
Die Kugel traf hart.

Junge Männer sterben
Sinnlos in den Straßen.
Armut trieb sie
In die Arme der Gangs
Und Extremisten.

Sie fangen die Armen
Und Verzweifelten mit Versprechen,
Die sie brechen, falls einer so lange lebt,
Dass er sie einfordern könnte.

Armut treibt verzweifelt
In den Kreislauf aus
Niemals endender Gewalt.
Es gibt kein Entkommen.
Blut rein. Blut raus.

Hitzetote

Langsam stirbt die Erde
Und ihr Sterben wird
Millionen Kinder verzehren.

Wir Heutigen tragen
Die schwere Verantwortung.
Wir können nicht länger SUV fahren,
Bäume fällen und Fleisch fressen
Und glauben, es gibt niemanden,
Der für unsere Sünden zahlen muss.

Sie werden zahlen.
Mit Zins und Zinseszins.
Sie werden zahlen
Und uns Heutige verfluchen.

Oberflächlichkeit ist das Gesicht
Unserer Zeit.
Luxus vor die Säue
In einer nie gekannten Dimension.
Dekadenz in maximaler Immanenz.

Langsam versinkt die Sonne
Hinter dem Horizont. Wieder haben wir
Einen Hitzerekord geknackt.

Dicke Wolken

Der Regen fällt
Und die Tränen der Welt
Gehen im Niederschlag unter.

Mütter weinen.
Väter weinen.
Söhne und Töchter scheiden
Aus dem Leben, weil die Medizin
Zu teuer ist.

Großväter stehen
An den Gräbern ihrer Enkel,
Weil ein russischer Despot
Bomben schickte.

Die Welt kennt Gnade,
Aber die wahre Menschenliebe
Ist noch immer Mangelware.

Wir sind alle gleich,
Aber behandeln uns wie Leichen
Auf einem politischen Schlachtfeld.

Der Regen fällt
Und die Neue Welt verwandelt sich
In ein technologisches Schlachtfeld.

Bessere Welt Held

Der Traum von einer besseren Welt
Kostet kein Geld.
Tatsächlich kann kein Geld der Welt
Eine bessere Welt erschaffen.
Wir pumpen Milliarden Finanzspritzen
In den Globus und dennoch
Scheint sich nichts zu bewegen.

Der Weg einer besseren Welt
Funktioniert deshalb nicht mit Geld,
Weil Geld nicht das Problem ist.
Es ist unser Herz, das den Wert
Einer besseren Welt bisher
Nur unzureichend versteht.

Der Traum einer besseren Welt braucht keinen Held.
Es braucht eine Welt, die zusammenhält.
Ehrlichkeit vereint. Aber in dieser Welt
Ist Korruption eine unbezwingbare Macht.
Unehrlichkeit und Verschlagenheit.
Taschen, die sich im Geheimen füllen
Und die Chance auf eine bessere Welt
An den Meistbietenden verkaufen.

High

Die Welt ist high
Auf irgendeinem Scheiß.
Dass alles zugrunde geht,
Checken sie nicht in ihrem Rausch.

Berauscht vom Dope.
Berauscht vom Geld.
Berauscht vom Fame.

Immer high,
Bis nichts bleibt
Außer emotionaler Stumpfheit.

Stumpf. Geil.
Abfall. White Trash.
Black Ghettos.
Das Mediengemachte ist so lange wahr,
Wie es die Jugend glaubt.
Eine Jugend beraubt
Um ihre Zukunft.
Ein zerplatzter Traum
Als Monument des restlichen Lebens.

Steinreich

Wer die Schere nicht kennt,
Lebt wahrscheinlich reich
Und privilegiert.
Wer keine Probleme hat,
Weiß meist nicht einmal,
Dass er keine Probleme hat.

Diese Welt ist steinreich.
Gab es je mehr Arme?

Die Wirtschaft prosperiert.
Waren die Schlangen
In den Armenhäusern je länger?

Reich und arm im selben Teich?
In dieser Welt nimmermehr.
Die Blocks der Armen voller Waffen.
Vor den Wohnanlagen der Reichen
Patrouillieren bewaffnete Wächter.

Fragen der sozialen Gerechtigkeit
Gehen in der lauten Musik
Der vielen Musikfestivals unter.
Noch gibt es Freiheit,
Aber die Schuldknechtschaft
Ist für viele längst Realität.

Freiheit

Frei sein.
Frei bleiben.
Freiheit ist kein unumstößliches Gut
In einer Welt, in der es Faschisten,
Kommunisten und Fundamentalisten gibt.

Könige lechzen nach deiner Freiheit.
Denn deine Freiheit ist der Feind
Ihres Königreiches.
Der König lebt davon, freien Menschen
Die Freiheit zu rauben.

Freie Zeiten.
Freie Geister.
Freie Herzen.
Freie Liebe.
Freier Besitz.

Alle Freiheit ist in Gefahr,
Wenn wir zu bequem und faul sind.
Könige lechzen nach unserer Freiheit.
Priester wollen unsere Freiheit
Stehlen und uns betrügen.

Bewahrt eure Freiheit
Mit dem Preis politischen Fleißes.

Eingeschlagen wie eine Bombe

Demokratie steht
Unter Beschuss wie nie
Seit hundert Jahren.

Kommunisten, Faschisten
Und Fundamentalisten
Scheuen sich nicht einmal mehr,
Sich zusammenzutun,
Um uns Freie zu vernichten.

Die Lügen ihrer heiligen Bücher
Waren tausend Jahre unsere Ketten.
Sie haben uns geknechtet und wir
Mussten für sie arbeiten und kämpfen.

Freiheit ist
Die Freiheit des Gewissens,
Die Freiheit des Glaubens
Und Unglaubens,
Die Freiheit frei zu wählen.

Klimatod

Der Winter erfriert
An Unmenschlichkeit.
Der Sommer schwitzt
Vor Herzlosigkeit.
Frühling und Herbst wegen
Der sozialen Ungerechtigkeit.

Kommt der Klimawandel,
Weil es die Natur nicht mehr erträgt,
Wie wir Menschen miteinander umgehen
Und wie wir den Planeten terrorisieren?

Brennen die Wälder,
Schmelzen die Pole,
Weil die Natur uns loswerden will,
Weil wir alles zerstören?

Krieg gegen jede Spezies,
Das ist typisch menschliche Politik.
Ausbeutung aller Wesen,
Das ist das Wesen unserer
Menschlichen Gesellschaften.

Sterben

Sterben.
Sterben.
Sterben.

Wir erben
Eine zerstrittene Welt.

Ideologien und Religionen,
Die nur dem Ziel folgen,
Zu unterdrücken und zu knechten,
Säen Gewalt und Krieg.

Wir sterben,
Weil wir die Erben
Verlogener Weltideen sind,
Die Menschen unter ihren Entitäten
Subsumieren und zu bloßen Bauern
Auf dem Schachfeld degradieren.

Wir werden sterben,
Solange wir unser Erbe
Nicht beerdigen!

Kriegswahn

Kriege treffen
Die Menschenkette
Und reißen ein Loch
Des Blutzolls.

Was ist Macht?
Warum lassen
Wir zu, dass sie so ungleich
Verteilt ist?

Macht ist Kraft.
Kraft hat jeder Mann,
Jede Frau, selbst jedes Kind.
Lassen wir uns unsere Macht
Nicht länger von wenigen rauben!

Macht stoppt den Hass
Und die Kriege, wenn Macht
Richtig eingesetzt wird.

Aber die Wenigen nutzen ihre Macht,
Um Hass zu schüren und
Um Kriege zu entzünden.

Reicher Demos

Reich oder arm.
Die Demokratie
Hat es bewiesen.
Reichtum geht
Für breite Bevölkerungsschichten.

Seit Jahren
Sind die Linken und Rechten zurück
Und es geht Stück für Stück
Mit uns bergab.
Dazu der fundamentalistische Terror
Und die Mobgewalt der Muslime,
Die Städte wie Berlin terrorisieren.

Wir brauchen nur Demokratie
Und schon kommt die Finanzierung
Unseres Wohlstands zurück.
Sie hat bewiesen,
Was keinem anderen Gesellschaftssystem
Bisher gelungen ist.
Sie gab uns Recht, Gesetz,
Wohlstand, Sicherheit und Freizeit.
Nirgends gab's das zuvor!

Die Illusion der Freiheit

Frei sein
Kann die Frau
Noch immer nicht.

Das Patriarchat
Kehrt zurück und
Die feministische Linke
Geht ins Bett mit dem Islam
Und stärkt die Scharia.

Vergewaltigungen
Nehmen zu.
Sexuelle Übergriffe
Nehmen zu.
Femizide
Nehmen zu.

Die Zahlen sind erschreckend.
Junge Frauen müssen
Sich wieder verstecken
Vor der Gewalt des Mannes
Und seiner kranken Fantasie,
Der religiöse Ursprung
Der Schöpfung zu sein.
Frei sein wird für die Frau
Wieder eine Illusion.

Die Schranken des Patriarchats
Sind wahr und sie ziehen wieder in jede Stadt
Europas ein und sie scheinen,
Dauerhaft zu bleiben.

Reuelos

Leben ohne Reue.
Leben für die Familie
Und die Liebsten.

Sie wollen,
Dass wir studieren
In ihren großen Städten.
Sie vergessen,
Dass wir unsere Familie
Nicht im Stich lassen dürfen.

Einsamkeit ist der Preis
Der Millionenstädte.
Psychisch krank, depressiv, neurotisch,
Süchtig oder interessiert
An komischen sexuellen Praktiken
Sind die Folgen der Einsamkeit.
Ist es das wert?

Entfremdung ist die Prägung
Des großstädtischen Lebens.
Sich unverbunden fühlen,
Ist das Metropolgefühl.
Entwurzelt zu werden ist das Erbe
Der Ballungszentren.

Leben ohne Reue
Im Kreis der Familie.

Sensible Seelen

Der Drogentod junger Menschen
Ist ein Phänomen der reichen Länder.
Auch ich hab ihm in die Augen gesehen.

Ich kannte viele, die ihm erlegen.
Ich erinnere mich an ihre Namen
Und ihre vielen Gesichter.

Abhängige sind sensibel,
Auch wenn sie hart wirken.
Sie leben im Knast der Sucht.

Ob Alkohol oder Heroin,
Ich hab viele gehen sehen,
Bevor sie dreißig wurden.

Junge Männer und Frauen,
An deren Gräbern die Augen
Feucht und die Reue groß war.

Es gibt keine Flucht vor der Sucht.
Wenn sie dich hat, hast du nur die Wahl
Zwischen Tod und Knast.

Verlorene Saat

Wir verlieren das Spiel.
Die Schere wird wieder riesig
Groß und das Volk zerreißt.
Es gibt keinen Gemeinschaftsgeist
Mehr, der uns zusammenhält
Und dafür sorgt, dass wir zusammen
Die Probleme des Landes lösen.

Wir verlieren unsere Zukunft
Wegen der habgierigen Bonzen
Und denen, die sich auf die Straßen kleben
Und glauben, so könnten wir
Die Zukunft unseres Planeten retten.

Wir verlieren unser Land.
Jeden Tag übernehmen islamistische
Terrororganisation mehr Straßen
Und jagen die Indigene durch die Straßen.
Die Politik guckt weg und sie stoppen
Die Polizei, um uns zu helfen.

Wir verlieren unseren Kontostand.
Die Inflation frisst das Brot auf
Und die Wohnungssuche grenzt
An einen brutalen Verteilungskampf.
Das Land schreit und die Zeichen
Eines Bürgerkriegs nehmen zu.

Wir verlieren den Verstand.
Unsere Vernunft wird zu Luft,
Weil wir nur noch aufs Handy starren,
Statt uns zu fragen, wie wir das Land
In eine bessere Zukunft tragen?

Lass los und lach!

Niemand sollte
Und doch gibt es Folter
Und Menschen, die jetzt die Pein
Spüren, wie wir sie nur noch
Aus den Museen kennen.

Die Welt hier ist schön und fair,
Bei all den Problemen sollten
Wir nie vergessen, wie paradiesisch
Dieses Land im Vergleich
Zu den Taliban und roten Chinesen ist.

In China leben Millionen
In Konzentrationslagern.
Im Gegensatz zu den Nazis
Haben wir keine genauen Zahlen,
Wie viele die Kommunisten ermordet haben,
Aber es müssen Millionen Arme
Gewesen sein.

Die Muslime entführen kleine Mädchen
Und zwingen sie, zu konvertieren
Und ihre Sexsklavinnen zu werden.
Sie bomben ihre Feinde nieder
Und scheren sich nicht um ihre Brüder,
Außer dass sie mit Sprengstoffgürteln
Andere Unschuldige terrorisieren.

Wir haben hier tatsächlich Frieden,
Vergleicht man es mit den vielen
Kriegsschauplätzen und Terrorstaaten.
Wir sollten uns glücklich fühlen,
Anstatt pausenlos über alles zu meckern.

Freiheit in Käfigen

Frei leben in einem freien Leben
Ist weniger selbstverständlich,
Als es klingt.

Wir haben politische Freiheit,
Aber unsere Gefühle liegen
An den Ketten der Angst.

Unsere Furcht treibt uns
Wie Fluchttiere davon und
Wir sind gestresst davon.

Dann sind da noch die Süchte.
Die Großen und die Kleinen, die uns
Verleiden, frei zu sein.

Wir rauchen und saufen und kiffen
Und chatten. Während dieser Zeit sind wir
Gebunden an süchtige Ketten.

Dann ist da noch das leidige Thema
Des Geldes. Es hält uns fest und
Lässt uns auch nachts nicht los.

Wie frei sind wir wirklich
In einer freien Welt?
Wie frei ist unser Herz?

Ein reißender Strom

Wir träumen
Von Zeiträumen
Des Friedens.

Wir singen
Vom Wohlstand
Der Nationen.

Und wir reden
Darüber, wie wir unser kleines Glück
Zurückkriegen.

Während die Welt im Chaos versinkt,
Sind wir immer noch nur
Ein kleiner Mensch.

Während Kriege und Inflation
Alles vernichten, bleiben wir
Ein kleines Licht.

Während Technologien
Disruptiv die Welt umschichten,
Sitzen wir auf unserer Couch.

Es gibt keinen Kompass mehr,
Keine Sicherheit oder feste Systeme.
Alles fließt und wir werden mitgerissen.

Dschungel der Meinungen

Morgen. Gestern. Heute.
Ich weiß nicht, wie
Soll ich mich im Lauf
Der Zeit entscheiden?

Sind Flüchtlinge eine Gefahr
Für unser Volk?
Bringt uns der Klimawandel
Alle um?
Wie können wir
Unsere Wirtschaft retten?

Was soll ich denken und
Entscheiden, wenn alle Seiten
Gute Argumente für alle
Möglichen Entscheidungen liefern?

Im Dschungel der Gründe
Und Argumente sehe ich den Wald
Vor lauter Bäumen nicht mehr.
Ich weiß, damit bin ich nicht allein.

Schön war es, als die Welt
Noch einfach schien, aber
Es gibt kein zurück. Es gibt immer
Nur ein Voraus.

Dur

Vater Staat und Mutter Natur.
Wir mittendrin auf weiter Flur.
Der Klimawandel sagt, unsere Eltern
Sind im Rosenkrieg und wie immer
Ist es das Kind, das am meisten
Schaden nimmt.

Vater Staat und Mutter Natur
Scheinen sich nur noch zu hassen.
Oder wie interpretiert ihr,
Dass die Politiker alles dafür tun,
Dass die Natur ausgebeutet und
Unsere Lebensgrundlage zerstört wird?

Vater Staat und Mutter Natur
Könnten in Ruhe chillen und dabei nur
So nebenbei die Welt besser machen.
Das ginge, nur das würde bedeuten
Die Korrupten und Habgierigen
In ihre Schranken zu weisen. Nur
Wer macht das? Wer hat den Mut
Uns alle zu retten und die zu bremsen,
Die uns auslöschen wollen?

Der Untergang

Verbote schützen
Oder sie nützen den Mächtigen,
Um uns zu unterdrücken.

Es ist ein schmaler Grat
Zwischen Recht und Unrecht.
Zwischen Schutz und dem Verlust
Persönlicher Freiheit.

Wir müssen wachsam sein
An jedem Tag und in jeder Nacht.
Alte Mächte lauern auf den Tag,
Uns alles madig zu machen,
Damit ihre Lügen uns verführen
Und wir uns selbst die Ketten
Ihrer Diktatur an die Füße legen.

Wir sind heute frei.
Aber wie lang werden wir es sein,
Wenn wir das Treiben
Der Korrupten nicht aufhalten?
Sie verkaufen uns an die Scheichs
Und Lobbyisten und führen Gesetze ein,
Die unserem Untergang nützen.

Volksmacht

Kriege treffen
Die Menschenkette
Und reißen ein Loch
Des Blutzolls.

Was ist Macht?
Warum lassen
Wir zu, dass sie so ungleich
Verteilt ist?

Macht ist Kraft.
Kraft hat jeder Mann,
Jede Frau, selbst jedes Kind.
Lassen wir uns unsere Macht
Nicht länger von wenigen rauben!

Macht stoppt den Hass
Und die Kriege, wenn Macht
Richtig eingesetzt wird.

Aber die Wenigen nutzen ihre Macht,
Um Hass zu schüren und
Um Kriege zu entzünden.

Leben in Nussschalen

Neuronenzonen.
Kriegsdrohnen.
Hitzewellen töten.
Seuchen täuschen.

Gehirne überlegen.
Maschinen wählen
Schneller und über überlegen.
Der Mensch verkrampft.

Sozialer Kampf.
Verzweifelter Arbeiteraufstand.
Rote Fahnen töten Milliarden.
Hassende Pamphlete.

Suppenküchenmarathon.
Armut in Schlangen.
Kein Ende. Kein Anfang.
Konjunkturkreislauf.

Performance grenzt.
Koks auf dem Bundestagsklo.
Gefangen im Hamsterrad
Einer narzisstischen Gesellschaft.

Quanten

Eins oder null.
Der Quantencomputer tut,
Was er will.
Wie verändert das uns?

Die Technologien
Werden disruptiv.
Sie wälzen alles platt,
Woran die Welt Jahrtausende
Geglaubt hat.

Was passiert mit der Familie,
Wenn die Technologie fortschreitet:
Wird sie überflüssig,
Weil wir Reagenzglaskinder machen?

Superposition. Vertikal und horizontal.
Unvorhersehbar sind nicht nur die Quanten,
Sondern auch unsere Gesellschaften.

Gesellschaftliche Umwälzungen
Wälzen die kleinen Welten der Menschen
Platt, deswegen haben wir Angst
Beim Blick in die kommende Zukunft.

Nie wieder dumm sein

Das Land am Abgrund.
Die neuen Nazis haben
Die Wahl gewonnen.
Ein Viertel meiner Region
Wählt rechtsradikal und das Bürgertum
Versteht die Welt nicht mehr.

Nazis sind scheiße,
Aber ich verstehe die Leute.
Das Essen wird unbezahlbar.
Kein Gas zum Heizen mehr
Und die Wohnungen kriegen
Die Reichen aus anderen Ländern.
Wir haben in wenigen Jahren
Mehr verloren, als wir
In Jahrzehnten gewonnen hatten.

Sie nennen ihre Gegner die Altparteien,
Aber sind selbst eine Uraltpartei des Dritten Reichs.
Das Volk ist dumm, wenn es glaubt,
Nazis könnten die Probleme lösen,
Die wir derzeit haben.

Demagogen haben Aufwind.
Die Zukunftsaussicht verfinstert sich.

Kettengang

Berufe rufen
Und Stress empfängt.
Die Kette
Wirtschaftlicher Abhängigkeit
Hängt an unserem Fuß.

Wir sind die Kettengang.
Wie in alter Zeit.
Es wirkt freiwillig
Und vielleicht wäre es das,
Wären sie nett und fair zu uns.

Wir sind die Kettengang.
Rechnungen erwarten uns
Und machen uns die Realität bewusst.
Wir hängen an der Kette
Und das ist keine nette.

Wir sind die Kettengang
Ein Leben lang, bis eine mickrige
Rente uns aus der Knechtschaft entlässt.
Wir sind die Kettengang
Und diese Kette scheuert uns wund.

Mein Block

Leben am Abgrund.
Gangs beherrschen die Blocks.
Das Essen ist ungesund
Und der größte Arsch der Boss,
Der gern an den Arsch fasst,
Weil er weiß, ohne Job gibt's nichts.

Soziale Fallen.
Gefallener Sozialstaat.
Kollabiert das System oder
Kann uns ein Wunder retten?

Politik im Elfenbeinturm.
Abgeschirmte Welt. Neo-Kastensystem.
Allein untergehen oder
Sich zusammen dem Alkohol hingeben.
Die Qual der Wahl ist täglich
Und jährlich an den Wahlurnen.
Bei beidem bewegt es sich nur
Auf den Abgrund zu.

Der elfte Stock
Ist unsere Welt.
Ein desolates Loch.
Schimmlig und unsaniert.
Niemanden interessiert's.
Weder die Presse noch die Politik.

Schicksalswahl

Wahl. Qual. Wartesaal.
Eine lange Schlange
Vor dem Wahllokal.

Lang ist der Wahlzettel
Und an ihm hängt eine Kette
Von Folgen für Land und Kontinent.

Schicksalswahl haben sie gesagt
In den Nachrichten. Diesmal ginge
Es um alles.

Haben uns nicht die Fehler
Der ehemals Gewählten
In die Krise geführt?

Wahl heißt Qual.
Was ist das geringere Übel
Ohne Prügel fürs Land?

Manche sind mir bekannt.
Andere eine Schande
Für das ganze Land.

Was passiert danach?
Wir warten, dass sie entscheiden
Und die Weichen stellen.

Wach auf!

Ein Albtraum.
Menschen sehen kaum,
Wie alles zu bröckeln beginnt.

Freiheit wird
Ein verlogenes Gespenst.
Wir sind gläsern
Für Firmen und Politik.

Die Politik vernichtet
Den Rest der Natur.
Was atmen wir nur,
Wenn alle Bäume gefällt sind?

Kinder kiffen und
Kleine Mädchen schminken
Sich, um Sugardaddys zu küssen.

Die weiße Line
Ist die neue Stadtlinie
Und sie fährt im Express
In die Drogenentzugsklinik.

Mit offenem Mund vor der Spielekonsole,
Bis das Arbeitsamt einen abholt
Und dazu verdammt zu malochen.

Weck mich auf aus diesem Albtraum
Und bring mich raus aus
Einer kranken Welt,
Die sich verloren hat.

immer wieder

Immer noch
Dreht sich die Welt
Immer noch
Werden Frauen in Kopftücher
Und Zwangsehe gepresst
Immer noch
Beherrscht der Krieg die Medien

Immer noch
Träume ich von einer besseren Welt
Immer noch
Hörst du mir zu
Immer noch
Liest du mich weil du weißt
In meinen Zeilen ruht ein Geheimnis

Immer noch
Geht die Sonne auf
Immer noch
Werden die Nächte wild
Immer noch
Werden Kinder geboren
Immer noch
Ist ihre Zukunft ungewiss

Nur wir. Nur du!

Die Welt hofft
Auf unbekannte Retter.
Die Menschen glauben,
Irgendjemand wird
Die Katastrophen abwenden.
Sie sind Narren!

Nur wer sich selbst befreit,
Wird wirklich frei.
Denn jeder Befreier
Wird zum neuen Herrscher.

Wir brauchen keine Revolutionäre.
Wir brauchen Männer und Frauen,
Die sich trauen, sich den vielen
Herausforderungen zu stellen.

Alle Probleme sind lösbar.
Aber alle Probleme sind unlösbar,
Wenn wir darauf warten,
Dass sie jemand für uns löst.

Die Welt hofft?
Die Welt sollte auf sich selbst hoffen.
Die Menschen glauben?
Die Menschen sollten an sich selbst glauben!

Kinder

Kleine Augen.
Kleine Hände.
Große Herzen.
Große Verletzlichkeit.

Unsere Kinder erben
Unsere Katastrophen und Krisen.
Täglich werden die Krisen größer und
Die Katastrophen unübersichtlicher.

Kleine Füße.
Kleine Schritte.
Große Augen.
Großes Vertrauen.

Unsere Kinder schauen uns
Im Vertrauen an und glauben
Alles, was wir tun. Aber dient unser Tun
Der Reduktion der desaströsen Zustände
Oder sind wir Teil des Problems,
Dass ihnen eine Erde hinterlässt,
Die kaputt und gespalten ist?

Kleine Ohren.
Kleine Münder.
Große Träume und
Viel Liebe.

Wahr werden

Kleine Träume
In einem freien Herzen.
Heile Räume
Mit wahren Werten.

Eine bessere Welt
Für jedes Kind.
Wo mehr zählt als Geld.
Wo jeder gewinnt.

Ein glückliches Leben
Mit freien Menschen,
Die sich ernst nehmen und
Nicht gegeneinander kämpfen.

In diesem Paradies
Könnten wir leben.
Kinder könnten dort spielen
Und wir uns erholen.

Träume werden wahr,
Wenn wir nicht zulassen,
Dass man sie uns stiehlt.
Deshalb werden wir zart und
Erspüren den politischen Pfad,
Der uns dorthin führt.

Kriminelle Seilschaften

Die Welt ist korrupter,
Als wir glauben.
Es geschieht mehr Betrug
In den Parlamenten, als wir wissen.

Es geht nicht immer um Geld,
Viel öfter geht es um Beziehungen.
Es geht nicht immer um Unbekannte,
Viel öfter sind es uralte Seilschaften.

Die organisierte Kriminalität tritt
Dieser Tagen ihren Marsch
Durch die Institutionen an.
Sie schleust ihre Leute über Jahre
In den Staatsapparat ein und wir
Sehen hilflos zu, wie sie mit bösen
Verbrechen davonkommen.

Werte. Tugend. Moral. Verstand
Und logisches Denken werden
Fremdwörter in den Parlamenten.

Es wird Zeit, dass wir aufstehen
Und unseren Weg durch die Institutionen
Gehen, bis wir an der Spitze stehen
Und leuchtende Vorbilder werden.

Paradies verlorener Seelen

Im Schatten
Des Todeslandes.
Verrückt. Lachend.

Das Bewusstsein springt
Wild im Kreis.

Auf den Knien in der Nacht.
Wilde Gebete zum Himmel geschickt.
Wir leben im Paradies
Der Verrückten und Wahnsinnigen.

Keiner weiß mehr,
Was er weiß. Jeder träumt vom Geld
Und weißem Zeug, um sich die Nase
Zu pudern. Wir verletzten uns dabei,
Ohne zu realisieren wie sehr.

Wir sind verlorene Seelen
In einem gefallenen Land
Auf einer kollabierenden Welt.

Kein Rettungsring. Kein Strohhalm.
Kein Licht am Ende des Tunnels.
Die Schatten tanzen im Land des Todes.
Verrückte lachen, aber wer nicht mehr
Lachen kann, steht auf dem Dach, bereit
Zu springen oder zu singen.

drei weiße Schwäne

Normen formen
Die menschlichen Horden.

Wessen Herz kann blühen,
Wenn sich Mächte bemühen,
Uns fremdzusteuern?

Normen sind Formen
Für unfreie Menschen.

Natürlich brauchen wir Moral,
Aber es ist nicht wahr, zu sagen,
Moral wäre dasselbe wie Normen.

Normen sind Gitter
Ohne glitzern.

Lass nicht zu,
Dass sie dein Herz formen.
Lehne ihre Normen ab,
Weil du in dir spürst,
Wie frei du bist.

Normen ermorden
Deine Sehnsucht.
Denn Normen formen,
Um uns zu ordnen.
Normen zerstreuen sich
Und machen uns frei.

Unvergnügen

Wir fliegen durch das All
Auf einen blauen Ball.
Wir suchen mit Teleskopen
Nach fremdem Leben, aber
Wir kriegen es nicht hin,
Das Leben auf Erden zu schützen.

Das Universum soll sich hüten,
Uns die Türen zu öffnen, so lange
Wir nicht gelernt haben, dem Leben
Genügend Wertschätzung
Entgegenzubringen.

Kriege, in denen
Menschen sich schlachten.
Schlachthäuser, in denen
Tiere erbärmlich schreien.

Freudenhäuser, in denen
Die Mörder sich mit Zwangsprostituierten
Vergnügen. Die Erde ist kein Vergnügen.

Todesgangs. Enge
Entmilitarisierte Korridore
Und die Seuchen und Hungersnöte.
Vergessen wir nicht die alltäglichen
Depressionen und Neurosen.

Der Marionettenspieler

Viele wollen,
Aber sie müssen den Herrschern
Tribut zollen und deshalb
Fehlt ihnen Zeit und Kraft,
Sich selbst zu erschaffen.

Wir sind Marionetten
Eines spielenden Systems,
Das uns nicht retten will.
Denn es will uns knechten.

Wir sind verdammt,
Geld zu verdienen in schlechten Jobs
Und dadurch stirbt das Hoffen
Auf eine bessere Zukunft.

Wir wollen nicht, aber wir zollen
Etwas Tribut. Es nimmt uns die Zeit,
Uns selbst zu verwirklichen.
Es zwängt uns ein und
Macht uns zu grauen Menschen.

Grau fließt die Zeit
An uns vorbei.
Der Timer nähert sich der Null,
Ohne dass sich unsere Träume erfüllen.
Der Sand rinnt durchs Stundenglas,
Ohne dass wir kriegen,
Was wir wollen und erwarten.

Belebe die Friedenswege

Frieden siegt
Ohne Krieg.

Frieden lebt
Auf dem Herzweg.

Vergeben wir,
Solange wir leben.

Versöhnen wir,
Solange wir atmen.

Vereinen wir,
Solange wir können.

Frieden siegt,
Wenn Krieg verliert.

Frieden gewinnt
Jedes Kind.

Ein Blatt im Wind

Die Welt dreht sich,
Egal, ob ich tot umfalle.
Die Menschen reden,
Egal, ob es dich verletzt.

Was ist der Einzelne
In dieser Gesellschaft
Und was ist dein Platz
In einer blinden Welt?

Den Wert deines Herzens
Hat die Welt bisher übersehen.
Du bist einzigartig,
Aber für sie bist du eigenartig.

Den Tag des Donners
Sehen sie kommen.
Alles droht zu kollabieren.
Zerstört ist jedes Sicherheitssystem.

Wieder wirst du stehen,
Ungesehen vom Strom der Geschichte.
Sie wird dich richten,
Aber niemand sich
An dein Gesicht erinnern.

Stumpf

Wie viele Tränen
Kann die Welt noch weinen,
Bis sie völlig stumpf wird
Oder ist der Massenkonsum
Bereits der Ausdruck
Einer völlig abgestumpften Welt?

Wird es besser oder
Entwickeln wir uns weiter?

Etwas entwickelt sich,
Aber es ist nicht sozial gerecht
Und auch die neue Technik
Macht das Leben nicht leichter.
Sie macht ein paar Wenige reicher
Und zerreißt die Reste der sozialen Bande,
Die im Zeitalter der Industrialisierung
Nicht schon zerstört worden sind.

Wir sind verloren,
Wenn wir nicht umkehren.
Wir werden betrogen,
Weil wir konsumieren,
Statt uns für Politik zu interessieren.
Wir werden ausgeraubt.
Mit jedem Tag wird das Geld umverteilt.
Das Volk hat immer weniger
Und solche, die wir nicht
Kritisieren dürfen, kriegen immer mehr.
Am Ende sind es die Kinder, die weinen
Und die Familien, die zerfallen.
Am Ende wachsen die Slums
Und mit ihnen der Drang nach
Drogen, Sex und Gewalt.

Oben versus unten

Diamanten.
Juwelen und Aktien.
Sportwagen und
Luxusapartments.
Daneben der Mann,
Der um ein paar Cent bettelt.

Diese Welt ist nicht gespalten.
Sie beginnt gerade erst
Sich zu spalten
Unsere Gesellschaft ist nicht zerrissen,
Sie beginnt gerade erst
Zu zerreißen.
Unser Land ist nicht gescheitert,
Es beginnt gerade erst
Zu scheitern.

Zwei Klassen
Und jede Klasse geteilt
In zwei Klassen,
Selbst jede Unterklasse
Geteilt in zwei Klassen.

Oben ist nicht unten.
Unten ist nicht oben.
Wir alle sind Menschen,
Aber das haben wir längst vergessen.

Anonyme Biomaschine

Ohne Sinn
Läuft der Laden.
Die Welt zerfällt.
Aber die Reichen produzieren
Immer mehr Gewinn.

Wir sind anonyme Ameisen.
Wir bewegen uns in Scharen,
Ohne uns jemals wirklich
Guten Tag zu sagen.

Wir sind ein Blatt im Herbst,
Welches zu Boden fällt
Und niemand hält an,
Um sich an unseren Farben
Zu erfreuen.

Das Chaos im Kopf
Ist wie ein Kaleidoskop
Und das tiefe Loch in uns
Scheint unendlich und
Ohne Grund.

Fall. Aufprall. Erwachen
In einer Dunkelheit.
Lohnzwang. Singlehaushalt.
Strafmaß lebenslänglich.

Am andern Ende der Welt

Kinder sterben
Am andern Ende
Der Erde.

Bomben fallen
Und wir lachen
Über alle Sachen.

Krieg ist nie fern genug
Und es ist Selbstbetrug
Zu glauben, man ist sicher.

Erst, wenn du begreifst,
Dass du nicht klein
Und unbedeutend bist.

Erst, wenn du einsiehst,
Dass du etwas
Bewegen kannst.

Erst, wenn du die Welt
Auf deinen Schultern trägst,
Wird dein Lebenslicht
Am hellsten strahlen.

Indigener Kollaps

Freiheit
Wird zum Schein.
Unsichtbare Schranken
Definieren neue Klassen.
Eine neue Macht teilt das Land.

Dürfen wir darüber sprechen?
Sie würden uns anketten.
Dürfen wir aussprechen,
Dass Kopftücher knechten?
Nein! Obwohl uns das Grundgesetz
Diese Meinungsfreiheit garantiert.

Kolonialismus formt
Das neue Berlin und sogar in München
Müssen immer mehr Indigene fliehen.

Wir reden über alles im Land,
Aber nicht die Probleme
Des kleinen Mannes und
All der alleinerziehenden Mütter.
„Aber" werden sie sagen und das ist
Noch schwerer zu ertragen.
Reden tun sie darüber pausenlos.
Es stimmt, aber sie tun nichts für uns.

Lohn und Inflation

Das Leben leben,
Ohne sich von den Sorgen
Unterkriegen zu lassen.
Leicht gesagt,
Schwer getan.

Dieser Tage wird alles grau und hart.
Der Alltag frisst das Glück.
Selbst hier in diesem reichen Land
Wird das Geld fürs Essen knapp.
Selbst hier scheitert das Gesundheitssystem.
Selbst hier wird es immer
Unfinanzierbarer, Kinder zu erziehen.
Selbst hier zweifeln viele
An der Rechtmäßigkeit des
Politischen Systems.

Die Inflation frisst den Lohn
Und sie holt sich die Ersparnisse.
Was sie noch nicht hat,
Wird sie auch noch raffen.
Wer ihr noch nicht gehört,
Den wird sie bald in Ketten legen.

Das Leben leben,
Ohne sich Sorgen zu müssen,
Sind Erinnerungen an eine Zeit
Aus einer besseren Vergangenheit.

Scherben

Der kleine Mann
Steht vor den Scherben
Seines Lebens.
Alles hat ihm
Der Zahn der Zeit genommen.

Globale Krise.
Krieg und Pandemie.
Persönliche Krisen.
Scheidungskrieg.

Der kleine Mann
Steht vor einem Scherbenhaufen
Und rauft sich die letzten Haare.

Dieser Tage
Ist sein Leben finster
Und er denkt an Selbstmord.
Nur die Gedanken an seine Tochter
Halten ihn wach.
Sie ist das Einzige, was
Sein Herz warm hält.

Ein Scherbenhaufen
Aus Erinnerungen und Momenten,
Deren Bedeutung sich nihiliert.

Unsere Kinder

Ein Kind
Macht mich blind,
Denn ich habe Angst,
Wenn ich in die Zukunft schau.

Es ist ein Graus,
Was da draußen passiert.
Gab es eine gute alte Zeit,
Wenn ja, wo ist sie hin?

Wo ist die heile Welt
Oder gab es sie nie?
Wo ist die Harmonie
Und der Frieden für unsere Kinder?

Ein Kind
Macht mir Angst,
Denn die Gefahren ihrer Zukunft
Kann ich nicht kontrollieren.

Was passiert mit den Kindern,
Wenn wir keine Lösungen
Für die Krisen, Probleme
Und Katastrophen finden?

Arme Deutsche

Arm sein ist neu
In Deutschland.
So richtig gab es das
Seit Jahrzehnten nicht.

Zwar gab es Menschen,
Die krank oder süchtig waren
Und deshalb am Rand
Der Gesellschaft darbten.
Aber als Massenphänomen
Haben wir Deutschen es
Lange nicht gesehen.

Klar können wir sagen,
Die Schuld tragen
Die Kriege, Flüchtlinge
Und die Corona-Pandemie.
Aber ich glaube, es liegt an der Politik.

Weil die da oben nicht fühlen,
Was wir fühlen, denn sie leben
In ihren privilegierten Elfenbeintürmen.
Weil sie vergessen haben,
Dass sie für das Volk handeln und nicht für
Ihr Ansehen auf der politischen Weltbühne,
Deshalb geht es mit uns bergab.

Was wir brauchen, ist endlich
Wieder demokratische Politik,
Die die große Wende hinkriegt
Und den Wohlstand zurückbringt.

Schöne neue Welt

Die Welt
Des Geldes.
Der Sumpf
Der Korruption.

Die Zukunft
Einer kinderlosen Gesellschaft.
Die Hoffnung
Der Menschenhändler.

Die Flucht
Aus der Realität.
Drogenrausch
Im Kinderzimmer.

Der Suizid
Als finaler Ausstieg.
Wohlstandsbild
In der Hilflosigkeit.

Das Grab
Wird weinend zugescharrt.
Der Vater wirft
Die Rose auf den Sarg.

Das Elend
In allen Winkeln.
Die vollen Taschen
Der Lobbyisten.

Alleinstehende Frauen

Allein.
Keim der Angst.
Große Stadt.
Die Jugend im Viertel
Ist bewaffnet.

Nachts dringen sie
In Wohnungen ein.
Kleine Jungs, die richtige
Frauen vergewaltigen.
Das ist kein Spiel, sondern Realität
In vielen Vierteln.

Sie ziehen Lines,
Wenn sie Geld haben
Und schnüffeln oldschool Klebstoff,
Um sich zu beruhigen.
Sie schießen mit Gas,
Weil der Bruder ihnen die Gasknarre gab
Und stechen mit dem Angelmesser
Vom Papa.

Verrohte Jugend.
Verlorene Zukunft.
Verkorkste Generation.

Allein einer Bande gegenüberstehen,
Die sich auf dich einschießt,
Aber noch nicht strafmündig ist
Und nichts zu befürchten hat.
Die Wahrheit ist hart.
Vergewaltigungen und Femizide
Geschehen jeden Tag und die Täter
Werden immer jünger.

Kreisläufe

Welt zerfällt.
Was bleibt vom Mensch
In einer zerfallenden Welt?

Das Klima kollabiert.
Die Natur ist abgeschmiert
Wie eine tote Fliege.

Die Ehen zerbrechen.
Die Städte sind voll
Mit Single-Haushalten.

Die Wirtschaft leckt
Und sie wirft mit Dreck
Nach armen Menschen.

Die Politik hat kapiert,
Wie man die Taschen
Bei den Reichen aufhält.

Eine kaputte Welt
Und die Helden
Sitzen vorm PC und zocken.

Ungehorsam

Armut macht mutlos.
Chancenlos und
Aggressiv.

Verlorene Generation hier.
Dekadente Jugend da.
Unsichtbare Gräben.

Bankrott ohne Rock 'N' Roll.
Kein Kredit für Kredit.
Obdachlos.

Banken pfänden Häuser.
Banker schrotten.
Regierungen retten.

Arm und verloren.
Verdorben sich
Nach oben gelogen.

Unrecht via Gesetz.
Ziviler Widerstand
Ist nicht finanzierbar.

Keine Zeit zum Spielen

Keine Spiele mehr.
Wir stehen am Abgrund!
Ein schlittriger Grund
Treibt uns näher an den Abgrund.
Jetzt ist die letzte Chance.
Jetzt wird es zur Lebensaufgabe.
Jetzt müssen wir uns aufraffen:
Die Kiste aus dem Dreck zu fahren.
Den Laden vor dem Brand zu retten.
Den Kindern das Lachen zu bewahren.

Wir können es schaffen.
Doch noch wollen die meisten
Lieber Sommerurlaub mit Strand,
Statt sich aufzuraffen, um das Land
Besser zu machen.

Wir sind die letzte Generation,
Wenn wir es nicht schaffen, ist es schlimm,
Aber wir sind keine Dummköpfe,
Die sich auf der Straße festkleben.

Wir sind die letzte Hoffnung,
Die Tücher noch ins Trockene zu bringen.

Grenzenlos

Eine grenzenlose Welt
Mit grenzenlosen Möglichkeiten
Und wir schaffen es nicht einmal,
Allen Essen und Medizin zu geben.

Sind wir Menschen dumm
Oder anders gefragt: Wie dumm sind
Wir Menschen eigentlich?

Es wäre so simpel.
Es scheint so simpel
Und es ist so simpel.
Ich rede vom Weltfrieden
Und davon allen Kindern
Glück und Bildung zu geben.
Ich rede von echtem Vertrauen,
Auf dem sich eine Gemeinschaft
Aufbauen lässt.
Ich rede von Liebe und nicht
Vom blinden Trieb der Gier.
Ich rede davon, wie simpel es ist,
Alle Waffen ruhen zu lassen und
In den Straßen Hoffnung zu säen.

Graue Gaue

Woran glauben
In diesen grauen Zeiten?
Worauf hoffen,
Wenn alles hoffnungslos ist?

Ich verliere mich im Strudel
Der kranken Weltpolitik
Und treibe auf dem Ozean
Als einsames Schiff.

Verloren der Glauben.
Zerstört jede Sicherheit.
Das Vertrauen in die Regierung
Wirkt wie reiner Luxus.

Der Nachbar lacht immerzu;
Schnaps ist sein Geheimrezept.
Die Zahl der Drogentoten nimmt zu.
Scheint, als ob der Trick
Nicht bei jedem klappt.

Verstörende Bilder im TV.
Auf den Bildern im Supermarkt
Eine glücklich geschlachtete Sau.
Es ist ein medialer Krieg neuer Blöcke.
Wer auch immer siegt, das Volk ist es nicht.

Kugelrund

Die Welt ist rund
Und unsere Staaten ungesund.
Wo Eintracht leben sollte,
Lebt erbarmungslose Konkurrenz.
Wo die Gemeinschaft blühen sollte,
Blüht die Ellenbogengesellschaft.

Hart statt zart.
Unfair statt fair.
Fies statt gerecht.
Wir haben keine gute Welt.

Sie ist, wie sie einst gemacht
Und darin liegt unsere Chance.
Denn wir können sie ändern
Und die Wende einläuten.
Wir können die Generation sein,
Die einen besseren Weg einschlägt.

Die Welt ist rund und
Hoffentlich bald gesund.
Die Natur erblüht und
Wir Menschen könnten uns
Bald glücklich fühlen.
Die Sonne lacht überm Wolkendach,
Bald ist es vollbracht und wir leben
In einer fairen Gesellschaft.

Bilder

Millionen Taler liegen rum
Und wir kriechen im Dreck rum.
Lang sind die Schlangen
Vor den Suppenküchen und lang
Die Wartelisten in den Luxusrestaurants.

Löcher hat der Bettler
In seinen Klamotten.
Löcher hat das Hipster-Mädchen,
Denn es ist der neueste Trend.

Die Hunde der Armen haben
Keinen Stammbaum wie mancher Hund
Aus den Villen im Grunewald.
Ein Reicher wird alt,
Statistisch stirbt ein Armer
Wirklich früher.

Die Märkte sind voller Geld
Und die Armen darben.
Die Speicher sind voll mit Getreide und Soja
Und dennoch werden tausende Kinder
Verhungern. Es sind keine Gegensätze.
Es ist nur das Bild einer ungerechten Welt.

Eine sterbende Erde

Ein Planet.
Unsere Heimat.
Tödlicher Konsum.

Wir sägen
Den Ast ab,
Auf dem wir sitzen.

Wir brennen
Die Wälder nieder,
Die die Lungen des Planeten sind.

Wir fluten
Die Ozeane und Meere
Mit Plastikbergen.

Wir beuten selbst
Die Kinder der Menschheit
Als Arbeitskräfte aus.

Wir Menschen
Haben alles, um das Paradies
Aufzubauen. Aber wir sind süchtig
Nach Müll und konsumieren
Uns zu Tode.

Unsere Welt

Die Welt hat Geld,
Aber sie kauft damit
Unnützes Zeug.

Die Welt irrt
In einem Ozean
Der Dummheit.

Die Welt ist reich
Genug, alle Kinder
Zu bilden und zu ernähren.

Die Welt sieht weg,
Während wieder kleine Schwarze
Zu Sklaven für Schokolade werden.

Die Welt frisst sich
Selbst, aber heult, wenn sie
Zu fett geworden ist.

Die Welt hat alles,
Um super zu sein,
Aber nutzt es nicht.

Die Welt betrügt sich
Und zerstört das Glück
Ihrer Bewohner.

Folienmenschen

Alles, was sie haben
Sind bunte Farben
Und Shopping-Malls.
Die Folienmenschen
Haben alles, nur einen Charakter
Haben sie nicht mehr.

Ihr Konsum hat sie platt
Wie eine Folie gemacht.
Ihr Wesen lässt sich
Auf eine Kreditkarte kleben.
Ihr Dasein ist eingeschränkt
Wie der Bildschirm ihrer Handys.

Folienmenschen regieren
Die Welt und sie filetieren
Alle, die Charakter haben.
Sie können es nicht ertragen,
Daran erinnert zu werden,
Dass es mal Menschen gab,
Die mehr waren als Konsumenten
Und bildschirmgeile Streamer.

Platt gemacht.
Platter Charakter,
Fast in Luft aufgelöst.
Jedes Gespräch hohl.
Jede App überholt.

Fake Friends

Die Welt ist reicher
Als je zuvor.
Die Menschen verhalten
Sich immer billiger.

Freundschaften halten
Kaum länger als ein Status.
Aus Freunden werden Hater
Und bleiben Faker.

Pranks sind ein Freundschaftsbeweis
In einer Welt voller Fake-Freundschaften.
Oberflächlichkeit wäre die neue Tiefe,
Falls die Leute noch wüssten,
Was geistige Tiefe ist.

Kids sind so stumpf,
Die halten Nutte-zu-sein
Für ehrbare Frauen.
Männer zocken mit Pickeln
Und einem Taschentuch zum Wichsen.
Väter werden daraus, deren Kinder
Emotional verarmen.

Bitch ist jetzt ein Kompliment.
Cheaten der neue Trend.
Einsamkeit der Preis
Einer verlogenen Welt.

Mittendrin

Ein Land gebannt
Vom Klimawandel.
Die Hitze tötet
Jedes Jahr mehr.

Ein Staat zwischen
Links und Rechts.
Beide brechen das Gesetz
Und säen Gewalt.

Ein Volk in der Welle
Der alles fressenden Inflation.
Das Wort Lohn ist längst ein Hohn
Für den Mangel an Kaufkraft.

Mittendrin stehst du und
Siehst dich verzweifelt um.
Dein Ziel im Leben
Kannst du nicht mehr sehen.

Alles um dich herum
Scheint zu zerbröckeln.
Du fühlst dich zerstückelt
Und fällst ohnmächtig um.

Alarmstufe rot

Unschuldige Kinder
Baden die Schuld aus,
Die ihre Elterngeneration
Auf sich geladen hat.

Ungerecht ist das Erbe
Einer kaputten Welt,
Die die Kinder von heute
Von ihren Eltern erben.

Die Probleme heute sind größer
Als zu Zeiten des Nationalsozialismus.
Wir haben es so richtig verkackt.
Statt sie zu lösen, sind wir
In Bars und vorm TV versackt.

Verlorene Generationen
Gab es viele, aber die heutige Generation
Könnte die verlorenste Generation
Der Menschheitsgeschichte werden.

Klimawandel. Blockbildung.
AI autonom-gesteuerte Armeen.
Terror an jeder Ecke.
Soziale Ausbeutung. Patriarchat.
Zwangsehe und Kinderarbeit.
Tierschlachtfabriken, Kindersoldaten
Und eine inflationäre Wirtschaftspolitik.

Das Bild einer heilen Welt

Die Idee einer heilen Welt
Zerbricht an der Wirklichkeit.
Es sind längst nicht mehr nur
Die ärmsten Staaten, in denen die Leute
Auf dem Zahnfleisch gehen.
Überall brennt die Hütte.

Die Mächtigen kümmern
Sich um die Mächtigen.
Die Reichen spenden den Politikern,
Um zu erreichen, dass nichts
Ihren Reichtum beschneidet.
Die Berühmten lassen sich feiern
Und bereichern sich, ohne etwas
An ihre Fans zurückzugeben.

Die Idee einer heilen Welt
Klingt illusorisch dieser Tage.
Die knallharte Wahrheit ist,
Dass wir am Arsch sind.

Können wir den Karren noch
Aus dem Dreck ziehen?
Wir könnten locker, wenn alle wollten.
Aber Menschen sind bekannt
Dafür, am Bekannten festhalten zu wollen.

Die Seele der Straße

Die Straßen sind arm.
Armut erzeugt Härte.
Härte gebiert Gewalt.
Gewalt macht psychisch instabil
Und Gangs machen Profit
Mit illegalen Beruhigungsmitteln.

Der Kreislauf der Gewalt
Endet in lebenslanger Haft.
Mütter weinen an den Gräbern
Ihrer erschossenen Kinder.

Frauen werden süchtig
Und verkaufen ihre Muschi.
Die letzte Chance rauszukommen,
Ist ein goldener Schuss.

Einst schienen diese Probleme
Der Vergangenheit anzugehören.
Aber die Drogentoten nehmen zu.
Sie werden jünger und kommen
Immer mehr aus gut situierten Schichten.

Die Straßen sind härter geworden.
Das Vertrauen in den Staat
Ist schwächer geworden.
Die Inflation ist größer geworden.
Gute Jobs sind seltener geworden.
Desillusionierungen haben zugenommen,
Genauso wie die Einsamkeit.

Schützengräben

Gräben nähren
Die Zwietracht der Wesen.
Wir stehen in der Mitte
Einer zerreißenden Welt.
Positionen entfernen sich
Und der neue Raum zwischen uns
Wird mit Kriegsgerät gefüllt.

Wir können uns umarmen
Und uns die Hände reichen.
Oder wir können uns misstrauen
Und auf Vorurteile bauen.

Die jetzige Generation Politiker
Und Politikerinnen hat es vermasselt.
Denn wir stecken im Schlamassel.
Wir verlieren gerade das,
Was wir uns über Jahrzehnte aufgebaut haben;
Und dennoch sehe ich nicht,
Wie führende Politiker und Banker
Dafür gerade stehen müssen.
Wir sehen nur, wie sie noch mehr
Geld oder goldene Handschläge kriegen.

Die Welt war für ein paar Jahre
Auf einem guten Pfad
In eine bessere Zeit.
Denn lief es schlecht,
Weil die Politik nicht verstanden hat,
Was passiert und wie man damit umgeht.
Am Ende sind es die Armen,
Die in den neuen Schützengräben sterben.

Albtraumhafte Realität

Hilflos in der Nacht.
Nach einem Albtraum
Bin ich aufgewacht.

Die Welt ist grau
Und viel rauer
Als mein Albtraum.

Keiner hilft und
Noch schlimmer:
Keiner interessiert sich.

Jedes Licht
Ist eine Falle
Für uns Motten.

Das Licht des Tages
Ist wie der Sog
Eines schwarzen Loches.

Die Welt ist ein Albtraum,
Deshalb schlafe ich
Wieder ein.

Volksfest

Menschen strömen
Zu den Volksfesten.
Menschen grölen
In ekstatischer Freude.

Der Alkohol läuft
Und das Volk säuft.
Die Frau freut
Sich mit ihrem Mann.

In der schweren Zeit
Muss man Gründe finden,
Um sich abzulenken
Und zu lachen.

Menschen singen
Mit klingenden Herzen
Und vergessen die Schmerzen
Des Krieges und der Inflation.

Wir sind eine feiernde Spezies.
Wir sind ein lachendes Volk.
Wiegt der Kummer auch schwer,
Unser Herz will lachen.

Bahn fahren

Die Bahn teilt
Unsere Stadt.
Die Bahn ist
Ein Mikrokosmos.

Alles trifft sich hier.
Der Millionär fährt
Nach der Oper nach Hause
Und schmeißt einen dicken Schein
In die Schale des Bettlers rein.

Die junge Mutter wackelt
Am Kinderwagen ihrer Prinzessin.
Der alte Mann hält
Seinen Chihuahua unterm Arm.

Die Bahn verbindet alle.
Sie findet den Draht,
Den die Politik schon lange
Nicht mehr findet.

Eine Welt für sich.
Nachts ist sie leer und
Treibt nur die Feiernden vor sich her.
Am Morgen ist sie voll mit Prolls,
Die auf die Baustelle wollen.
Um Vier chauffiert sie
Die Leute aus den Büros.

Familienkatastrophen

Familie
In Harmonie.
Aber in dieser Gesellschaft
Zerbrechen Familien.

Eine nach der anderen fällt.
Scheidungen werden zur Realität
Und Kinder bleiben zurück,
Die innerlich zerrissen sind.

Wir haben eine toxische Kultur.
Wir sehen fern und Internet,
Und übersehen die Menschen
Neben uns und so stirbt unsere Liebe.

Wegen den Bildschirmen
Sind mehr Familien zerrissen
Als wegen des Alkohols, der tödlich
Für jede zärtliche Beziehung ist.

Familien
Haben mehr verdient.
Wir haben mehr verdient.
Wir wollen glücklich
Mit unseren Liebsten sein.

Jeden Morgen

Jeden Morgen fallen
Wir aus dem Bett.
Jeden Morgen kriechen
Wir zu unserem Job.

Wir sind nur Ameisen,
Aber die Ameisenkönigin
Liebt ihre Kinder mehr
Als dieses System uns.

Anonyme Ameisen.
Ungesehene Arbeitsbienen.
Fleißig bauen wir das Land auf
Und halten es zusammen.

Vergessen von den Mächtigen,
Obwohl ihre Macht das Ergebnis
Unserer Arbeit ist; dennoch
Sehen sie uns nicht.

Jeden Morgen klingelt
Der alte Wecker.
Jeden Morgen tragen
Wir die Welt auf unseren Schultern.

AI-Einsamkeit

Allein in einer neuen Welt.
AI-Assistenten sind die Menschen,
Mit denen wir täglich kommunizieren.
Da ist niemand mehr,
Außer den Maschinen.

Millionen Menschen
Leben nebeneinander her
Und es wird immer mehr.
Mit jeder neuen Technologie oder
Disruptiven Erfindung
Sinkt der Bereich, in dem wir
Mit Menschen autark interagieren.

Wir sind verloren
Unter Millionen.
Wir sind einsam
In einer großen Stadt.
Wir sind allein
Und gehen wie die Topfpflanzen ein.
Hilfe gibt es nur
Von AI und Drohnen,
Aber Menschen werden wir
Emotional nie wieder treffen.

Arme Narren

Krieg und Extremismus
Ziehen um die Welt.
Besonders die Armen
Fallen auf ihre Lügen rein.

Es ist leicht, die Armen
Für dumm zu halten.
Aber das alte System
Scherte sich nie um sie.

Die Extremisten locken
Mit verführerischen Versprechen.
Es geht nicht nur um Geld.
Es geht um Selbstwert.

Der Würfel fällt
Und die Kanonen dröhnen wieder.
Kriegsherde brennen heiß
Und der arme Mann stirbt.

Es sind fast immer die Armen,
Die in Kriegen fallen.
Die Reichen und Privilegierten
Sitzen zuhause und hören sich gemütlich
Die Nachrichten von der Front an.

Die da oben rumoren

Die Macht im Land
Ruht in der festen Hand
Der Politik, von der gesagt wird,
Dass sie korrupt ist.

Tief geht das Geflecht
Der Lobbys mit den tiefen Taschen.
Tief hängt das Gemächt
Mit frischen Geldscheinen.

Am Abhang der Legalität
Wird viel korrumpiert.
Im Herzen der Macht regiert
Ein anderes Gesetz.

Der kleine Mann hofft,
Dass seine Interessen zählen.
Doch der Politik Vernunft
Sieht das Volk nur schemenhaft.

Wüssten die oben,
Wie sehr es unten bergab geht.
Die Probleme wären schnell behoben.
Aber die sozialen Schichten im Parlament
Kommen nicht aus der Masse des Volkes.
Die da oben sind die da oben.

Familien am Limit

Frieden in der Welt
Beginnt mit Frieden
Am Esstisch.
Ich rede nicht nur
Vom tierischen Leid.
Ich rede vom psychischen Leid.

Die Sucht
Macht Druck
Auf Kinder und Ehepartner.
Die Sucht
Besitzt die Wucht,
Eine Familie zerstören zu können.

Die Sucht,
Ob Schluck oder Spritzendruck,
Zerstört das Glück einer Familie
Stück für Stück.

Sucht ist eine Krankheit,
Keine eigene Schuld.
Aber wer süchtig ist und nicht
Gegen die Sucht kämpft,
Macht sich schuldig.

Ich und du

Ich bin ein Kind.
Ich bin ein Mann.
Ich bin ein Erdling.

Ich bin arm
Und ich bin reich.
Manchmal bin ich dumm,
Aber ich versuche, klug zu sein.

Ich bin wie du
Und du bist wie ich.
Wir sind beide einzigartig
Und Teil der gleichen Menschheit.

Rassen, Klassen und Schichten
Sind dumm und trennen uns.
Wir könnten tanzen und lachen
Und die Sachen der Erde genießen.

Ich bin du.
Du bist ich.
Wir beide haben
Ein Spiegelbild.

Alles futsch

Es tobt ein Sturm
In unseren Städten.
Es tost ein Orkan
Durch unsere Städte.
Sein Name ist soziale Ungerechtigkeit.
Er heißt, die Politik vergisst das Volk.

Wir leben unsere kleinen Leben
Und hoffen darauf, gut regiert zu werden.
Nach jeder Wahl werden wir desillusionierter
Und entfernen uns mehr vom Theater
Der Politik und ihrer Protagonisten.

Wir wollen Brot und
Ein paar Stück Kuchen.
Eine nette Wohnung und
Ein bisschen Urlaub.
Doch selbst das ist neuerdings ungewiss.

Einst gab es die Garantie
Im Alter in Würde und Harmonie
Zu leben und den Rest
Des Lebens zu genießen.
Aber die Rente zerfällt
Längst in ihre Bestandteile
Und lässt alte Arme zurück.

Sie säten Wind
Und ernten Sturm.
Die Hütten sind unbezahlbar geworden
Und bald werden die Paläste gestürmt.

Der freie Fluss der Liebe

Flüstern!
Unentdeckte Küsse.
Jahrhunderte Unterdrückung.

Ist es nicht süß,
Wenn sich zwei Männer küssen?
Ich finde schon.
Oder wenn sich zwei Weiber
Liebend vereinen.

Die Welt der Liebe
Kennt weder Grenzen
Noch Ausbeutung und Unterwerfung.
Triffst du eins davon in
Einer Beziehung, dann fehlt die Liebe.

Liebe ist ein freier Fluss
Aus reinem Genuss
Der freien Gefühle.
Liebe ist die größte Magie
Und vollbringt Harmonie
Wie nichts sonst.

Liebe ist frei.
Lasst euch nicht täuschen
Von lieblosen Priestern und Imamen.

Die Lügen des Systems

Deutschland deine Lügen
Kosten uns Menschen die Zukunft.
Deutschland deine Lügen
Kosten das Vertrauen in die Politik.

Sie sagen, eine Staatskirche
Gibt es nicht, aber sie zahlen
Jährlich Millionen aus Steuergeldern
Als Gehälter an die obersten Priester.

Sie sagen, Deutschland
Stehe an Israels Seite im Kampf
Gegen den Terror,
Aber in den letzten Jahren
Flossen mehr als eine Milliarde
Euro in die Unterstützung der
Palästinensischen Erzfeinde Israels.

Sie sagen, Deutschland
Kümmere sich um Alleinerziehende
Und Rentner, aber mit jedem Jahr
Geht es ihnen schlechter.

Sie sagen, Deutschland
Wäre sozial gerecht,
Aber seit Jahren wird die Schere
Zwischen oben und unten größer
Und zerreißt unser Land.

Klagelied

Klagegesicht sprich.
Erhelle mich
Mit deiner Kritik.

Die Welt erstickt
An Gier und Hass.
Die Menschen sind
Unstet wie der Wind,
Wenn es um Tugend geht.
Die Hass der Parteien
Lässt Kinder schreien
Und ihre Kriege schaden
Allen Kameraden.

Du klagst von der Welt,
Gibt es nichts, was dir gefällt?
Die Welt ist schön
Und liebenswert.
Viele Menschen sind kreativ
Und tugendhaft.
Die Natur beruhigt
Das Herz in tiefer Ruhe
Und die Musik spielt
Ein magisches Lied.

Klagekind, du siehst,
Wie schön es ist,
Auf Erden zu sein!

Es bleibt dabei:
Die Erde stirbt,
Wenn es so weiter geht!

Mittendrin statt nur dabei

Genozide und Massenmorde
Werden zur alten und neuen Realität.
Juden und Araber wollen sich töten.
Die Russen die Ukraine auslöschen
Und China die Welt mit Terror anführen.

Was geschieht mit uns
In diesem Strudel der Angst?

Wir sind verloren.
Wir werden untergehen.
Wir werden verrohen,
Wenn die Welt härter wird.

Der Krieg ist zurück.
Wir dachten, er wäre für immer weg.
Aber der Krieg ist zurück
Und Spione bringen ihn zu uns.

Hybride Kriegsführung ist die neue Realität.
Sie kriecht in unsere Bildschirme.
Sie erscheint in unserem Fernseher.
Sie strahlt in unserem Radio.
Sie wird gedruckt in Büchern
Und auf Tablets.

Wir sind mittendrin.
Aber wer sind wir noch,
Wenn die Welt sich bewaffnet
Gegenübersteht?

Unser Grundgesetz verletzt

Ende Gelände.
Keine Wende.
Weltuntergang
Oder Neuanfang.

Wir stehen am Abgrund.
Jeder Einzelne von uns.
Wir müssen zahlen
Für die Fehler der Wählenden
Und der Politiker und Politikerinnen.

Hätten sie demokratische Politik
Gemacht, würde es unserem Land
Gut gehen. Aber sie machten Politik
Für die Weltbühne und die Konzerne.

Wir haben eine Verfassung
Als Grundgesetz. Was ist es wert,
Wenn die Politik sie mit Füßen tritt?
Sie lügen so viel. Denn da steht
Geschrieben, wir haben keine Staatskirche
Und doch bezahlen wir Millionen
Von Steuergeldern für die pädophilen
Kirchlichen Würdenträger.

Wir haben ein Gesetz
Und es ist mächtig genug;
Jeden im Volk reich zu machen.
Aber unser heiliges Grundgesetz
Bedeutet der Politik weniger
Als ihre korrupten Seilschaften.

Der Deich bricht

Ein sterbender Planet.
Eine hoffnungslose Situation.
Menschen, die gefangen sind
In einer Selbstlüge.
Eine Gesellschaft, deren Konsum
Den Ast absägt, auf dem sie sitzt.

Die Wüste kommt näher.
Sie lachten vor zwanzig Jahren,
Als sie sagten, die Wüste würde
Sich bis nach Germanien ausdehnen.
Doch jetzt hat sie Bulgarien erreicht.

Die Wüste kommt.
Die Gletscher schmelzen.
Der Meeresspiegel steigt
Und wir müssen höhere Dünen errichten.
Wenn der Damm im Norden bricht,
Verlieren wir Land und Menschen.
Wenn wir nicht endlich umkehren,
Wird unser Land versinken.

Es geht um uns.
Es geht um dich.
Es geht um unsere Kinder
Und es geht um den Anstand
Und Ruf unseres Erbes.

Hedon

Tausende werden sterben
Und wir werden fernsehen.
Die Welt um uns zerfällt
Und wir kleben an der Glotze fest.

Die Welt braucht uns.
Aber wir rauchen Weed und Kippen
Und entspannen, als ob alles
In Ordnung wäre.

Nichts ist in Ordnung
Und die Welt steht am Abgrund
Und unsere Gesellschaftsordnung
Zur Disposition.

Wir müssen innehalten
Und endlich Anstalten machen,
Unsere Feinde und die Katastrophen
Aufzuhalten.

Stoppen wir sie nicht,
Sind wir verdammt.
Ändern wir uns nicht,
Werden unsere Kinder
Einen hohen Preis bezahlen!

Kinderaugen schauen

Schauende Kinderaugen,
Die uns vertrauen, sind der Grund,
Warum wir all hier das aufbauen.

Eine heile Welt,
Die reicher ist als alles Geld.
Eine echte Chance,
Die mehr ist als Kapital und Land.
Echtes Glück,
Das nicht mehr zerstört werden kann.

Braune, grüne, braune
Kinderaugen.
Vertrauen aufbauen,
Damit sie eine schöne Welt schauen.

Eine heile Welt.
Eine bessere Gesellschaft.
Ein gesundes Land.
All das ist das Produkt,
Der richtigen harten Arbeit.
Wir müssen uns in die Hände spucken
Und alles zurechtrücken.
Wir wollen, dass sie lachen
Und in einem guten Staat aufwachsen.

Kleinstadtseelen

Rock überm Platz.
Das Rentnerheer platzt.
Alte Erinnerungen
Werden wiederbelebt.

Meine kleine Stadt
Hat Kulturprogramm.
Zumindest ist sie nicht
Schon klinisch tot.

Selbst der Kreis
Reißt sich einen aus,
Um die Kinder
Zu unterhalten.

Menschen mit Musik
Und Kunst sind glücklicher.
Wir brauchen Inspiration.
Unsere Seele muss fliegen.

Rock und Pop!
Es fliegt der Rock der Rentnerin,
Die mit dem Bürgermeister tanzt.
Alle klatschen!

Der Untergang

Der Untergang naht.
Dieses Gefühl hat
Das halbe Land.

Die Politik schafft es nicht,
Gemeinschaft zu erzeugen.
Deshalb vermissen wir
Alle eine gemeinsame Mission.

Der Untergang ist real,
Wenn wir nicht zusammen
Füreinander einstehen.

Die Politik soll uns führen,
Statt sich nur um Ämter zu kümmern.
Sie vermasseln das,
Was lange sicher war.

Der Untergang ist ein Gespenst
Gegen das unser Land
Mit harten Bandagen kämpft.

Die Politik muss sich ändern.
Die PolitikerInnen müssen sich verändern,
Damit wir nicht noch mehr verlieren
Und Menschen zugrunde gehen.

Reiches Recht

Der Polizist schützt
Den Reichen mehr,
Weil er Angst vorm Anwalt
Der Reichen hat.

Was ist Gerechtigkeit wert,
Wenn sie unterscheidet
Zwischen Reich und Arm?
Was ist noch gerecht,
Wenn der Knecht weniger Recht
Bekommt als der Boss?

Wir lebten wirklich für ein paar Jahre
In einer harmonischen Waagschale.
Doch seit ein paar Jahren
Geraten wir in eine Schieflage.
Arme fallen vom Tellerrand,
Während der Reiche vom Netz
Des Staates aufgefangen wird.

Der Reiche ist nicht schlechter,
Aber es bleibt ungerecht,
Wenn er mehr Recht erhält,
Wenn es zum Streit kommt.

Einfach nur billig

Billigkeit
Hat einen Preis.
Armut kommt aus Billigkeit.
Nicht entwächst die Billigkeit
Aus Armut.

Ja, ich glaube an Niveau
Als einzig notwendige Revolution,
Falls jede Revolution
Nicht schon niveaulos wäre.
Was bleibt dann außer der Evolution?
Ich glaube an die Evolution.
Heil der Evolution.
Der Lohn echten Niveaus
Macht uns alle reich.

Billige Sprüche
Machen billige Menschen.
Billige Gedanken
Ruinieren jede Familie.
Billige Freunde
Sind der Weg in den Ruin.

Niveau, Anstand und Manieren
Werden die Welt retten!

Fairness

Eine faire Welt
Kann mit Geld gelingen.
Aber solange Gier und Korruption
Uns in die Knie zwingen,
Werden wir verlieren.

Soziale Gerechtigkeit
Nimmt dramatisch ab.
Unrecht wurde zu Recht.
Ausgrenzung zur Normalität
Und der Krieg wieder zum Tagesgeschäft.

Die Kinder
Alleinerziehender Mütter
Wachsen auf im Kummer,
Denn selbst in der Ersten Welt
Gibt´s manchmal kaum Futter.

Die Politik streitet sich,
Aber egal, wer gewinnt,
Unten kommt nichts an.
Am Ende sind die Sieger
Wieder nur die Privilegierten.

Die Welt braucht Fairness.
Fairness ist mehr als ein Prozess.
Sie ist wahre Gerechtigkeit.
Fairness beendet den Stress,
Ohne Hoffnung in die Zukunft zu sehen.

Relikte

Kinder finden
Die Weltkriegsbombe.
Wir erinnern
Uns an die Vergangenheit.

Droht sich alles
Zu wiederholen?
Müssen wir uns danach
Wieder vom Elend erholen?

Die Welt endet
Oder die Zeiten wenden.
Wie auch immer:
Es wird schlimmer.

Kinder lachen,
Aber wie lange lachen sie noch?
Eltern verzweifeln
Wegen gestiegener Rechnungen.

Die Gesellschaft ist hart
Und anonymisiert sich klar.
Die Menschen ängstigen sich
Vor dem, was die Zukunft bringt.

Der Preis der Freiheit

Freiheit
Hat viele Preise.
Es ist der Preis des Blutes
Und der geistigen Vernunft.

Glaubt nicht,
Die, die uns mit ihren Kirchen
Und Palästen jahrhundertelang knechteten,
Werden uns die Freiheit lassen,
Ohne dass wir dafür kämpfen.

Glaubt nicht,
Ohne euren Geist heiß
Laufen zu lassen, weil ihr alles
Durchdenkt, was nötig
Für die Freiheit ist, werdet ihr
Lange frei sein.

Glaubt nicht,
Ein einziges Gedicht reicht,
Um zu zahlen der Freiheit Preis.
Wenn wir sehen wollen,
Wie unsere Kinder sich frei freuen,
Dann müssen wir die Feinde der Freiheit
Tag aus, Tag ein im Zaum halten.

Wahrheiten und Lügen

Die Schlacht
Um die Deutungshoheit.
Die Unterschicht
Ist das erste Opfer.
Die Mittelschicht
Fällt bald.
Die Oberschicht
Glaubt, Täter zu sein,
Aber sie sind auch nur manipuliert.

Niemand sieht noch durch.
Wahrheiten sind relativ,
Nur der Tod ist real.

Morgens verkünden die News
Unser Land kollabiert.
Abends verkünden die Nachrichten,
Wir wachsen schneller als je zuvor
Und setzten zum Höhenflug an.

Die Schlacht der Wahrheit
Wird zu einem jahrhundertelangen Krieg.
Am Ende hat es weder Hitler gegeben
Oder irgendwas anderes,
Was den Gewinnern missfällt.
Das Konzept ist nicht neu.
Selbst die Kaaba war einst das Symbol
Der Vielgötterei, ehe die Propaganda
Die Wahrheit einfach fälschte
Und vergessen machte.

Flüchtlingsstrom

Wieder ein totes Kind
Im Mittelmeer.
Wer ist schuld?

Manche sagen die reichen Länder;
Andere sagen die Eltern,
Weil sie es der Gefahr aussetzten.

Wir stehen in der Mitte.
Wir wollen Flüchtlingen helfen,
Aber Hitler kam auch als Flüchtling.

Wo ist der Weg einer Welt,
Die sich im Umbruch befindet
Und sich immerzu bewegt?

Wir wollen helfen.
Aber wann ist der Hilfe zu viel,
Da davon ein Staat kollabiert?

Wir wollen helfen
Und doch sind scheinbar
Endlos viele Fragen offen.

Systemfrage

Ist das nur eine Krise
Oder ist das die Krise?

Untergegangene Kulturen blühten,
Bis sie verblühten.

Was ist der Kipppunkt,
An dem unser System kollabiert?

Niemand im alten Rom
Hätte an das Ende Roms geglaubt.

Sind wir bereits am Abgrund
Oder nur in einer Haarnadelkurve?

Alles ist sterblich,
Auch unser Staatssystem.

Wie viele inkompetente PolitikerInnen
Können wir noch verkraften?

Rette, was zu retten ist.
Rette dich, solange es noch
Möglich ist.

Leere Kühlschränke

Lange Schlangen.
Lange Gesichter.
Weniger Geld.
Leerer Kühlschrank.

Was Jahrzehnte unglaublich
War, ist wieder Realität.
Menschen haben nicht genug Geld
Am Ende des Monats,
Um Essen zu kaufen.

Alte. Alleinerziehende. Kranke.
Fallen vom Tellerrand.
Fallen durch die Maschen
Des sozialen Systems.

Die Welt steht kopf
Oder richtet sich der Kopf
Wieder auf?
Keine Frage rechtfertigt
Das jahrzehntelange Versagen
Der Politik. Beim Schachern
Von Ämtern vergaßen sie das Volk.

Rip

Wir sind verloren,
Wenn wir genauso
Weitermachen wie bisher.

Wir verlieren uns.
Unsere Verbindungen reißen
Und es entstehen
Unüberbrückbare Gräben.

Wir verlöschen
Wie eine Kerze,
Deren Docht zu Ende geht.
Wir sind wie Lampen,
Die nicht mehr leuchten.

Wir werden aufgefressen
Von Rechnungen und
Finanziellen Sorgen.
Wir werden zu Geldscheinen
Und überzogenen Kreditkarten.

Wir wollten nur chillen
Und glücklich sein,
Aber wir haben die Rechnung
Ohne den Wirt gemacht.

Music-Videos

Rapper sind die neuen Idole
Und Frauen werden zur Ware.
Wahre Gefühle sind fake.
Nur Gold zählt in der echten Welt.
Schwarze Gangster erschießen
Dieser Tage mehr Schwarze
Als Cops und Rassisten,
Aber die Welt hört nicht auf,
Die Aggressiven zu verehren.

Wer verliert im Krieg?
Es sind zuerst Armen.
Wen trifft die Inflation?
Es sind zuerst die,
Die vorher schon nichts hatten.
Wer lässt sich leicht von
Äußerlichkeiten begeistern,
Ohne hinter die Fassade zu sehen?
Auch das sind leider die Unterprivilegierten.

Wer wahren Wert nicht kennt,
Kauft Gold und flennt.
Wer waren Wert kennt,
Setzt auf Intelligenz.

Not und Tod

Tod und Not
In vielen Winkeln der Welt.
Israel, Palästina, Ukraine,
Taiwan und und und ...

Wir haben noch Glück.
Doch es gärt und
In Frankreich proben sie Aufstände.

Lernen die Menschen
Oder hören sie auf zu kämpfen?
Wir sind kaum klüger
Als die Menschen früher.
Wir gehen durch die Wand
Und verbreiten Hass.

Tod und Not sind groß.
Inflation frisst den Hohn.
Familien zerfallen in den Fallen
Des Konsums und auf der Suche
Nach falschen Werten und Ruhm.
Ende? Wende oder Absturz!

Uralte Gefängnismauern

Die Spirale der Gewalt
Ist sehr alt.
Wir leben und tun uns weh,
Anstatt in uns
Den Bruder und die Schwester
Zu sehen.

Die Fesseln der Unterdrückung
Bedrücken Kinder und ihre Eltern.
Ausgebeutet und missbraucht
Zu werden, ist ein alter Brauch.
Wir nehmen von den anderen,
Der uns gleicht und begreifen nicht,
Dass wir uns selbst berauben.

Der Ozean des Leidens
Ist voll von Sorgen und Problemen.
Frei sein und frei bleiben,
Ist ein unerreichbarer Traum
Für Milliarden Menschen der Erde.
Ein Strudel der Ungerechtigkeit
Ist das Bild der Städte und
Das Land ächzt unter Dummheit.

Zu lange sind wir Sklaven
Unserer Tradition.
Unser Erbe ist ein Hohn,
Denn wir schlagen Frauen und Kinder
Und schicken Männer in den Krieg.

Wir Kleinen

Der kleine Mann
Zittert vor Scham.
Er arbeitet hart,
Aber steht in der Reihe
Für Essensspenden an.

Das ist das neue Europa.
Hart Arbeitende haben
Nicht genug Futter
Für sich und ihre Familien.

Das Sozialamt wird zur Norm
Und es formt einen Schmarotzer,
Der kein Schmarotzer sein will,
Aber vom System dazu verdammt
Wird, einer zu sein.

Die kleine Frau
Kommt frisch aus dem Frauenhaus.
Ihr Typ ein Säufer und Frauenschläger,
Der immer mit Bewährung
Davonkommt, wenn er mal wieder
Vorm Richter sitzt.
Sie hat nichts. Ist ein armes Kind
Aus einem Stammbaum der Armut.
Nur wer hilft ihr raus aus dem Kreislauf?
Die Politik tut es nicht!
Das ist definitiv gewiss.

Loch Ness

Gerecht ist nett,
Aber ungerecht real.
Die Welt wäre fair,
Hofft das Meer der Unprivilegierten.
Aber die Mächtigen
Wollen mehr vom Kuchen,
Als einer essen kann.

Fairness gibt´s
Vielleicht im Loch Ness.
Aber in der globalisierten Welt
Ist es Hohn und Illusion.
Freihandel war freier Handel
Von Menschenrechten.
Wenn es mehr Sklaven gibt
Als je zuvor, dann ist es jetzt.

Wenn mehr Frauen in der Zwangsehe
Leben als je zuvor, dann ist es jetzt.
Wenn mehr Firmen die Natur
Zerstören, dann ist es jetzt.
Dieser Tage implodieren
Sogar die Garantien
Und Sicherheiten der Ersten Welt.
Alles geht verloren
Und das Klima raubt den Boden.
Der Einzelne steht im Spannungsfeld
Der Sinn- und Hoffnungslosigkeit.

Auswechselspieler

Weniger ist mehr,
Weiß der Millionär,
Wenn er auf seinen Teller guckt
Mit der kleinen Portion,
Die mehr kostet als der Monatslohn
Der Arbeiterschaft.

Wenig schmerzt,
Weiß die Mehrheit schmerzlich
Zu erzählen und dieser Tage
Macht die Inflation mehr
Menschen zur Mehrheit.

Der Arme und der Reiche
Sind zwei Seiten einer Medaille.
Die Welt dreht sich schnell.
Mancher Reiche ist morgen arm
Und mancher Arme Multimillionär.

Weniger ist mehr.
Mehr ist weniger.
Am Ende ist es immer die Tugend,
Die über Aufstieg und Untergang
Entscheidet.

Alles oder nichts

Alles geben
Oder untergehen!
Das ist die neue Wahrheit
Der globalisierten Welt.

Die Oberschicht
Hat Oberwasser
Und akkumuliert Geld
In unglaublichen Mengen.
Aber die, die vom Rand fallen,
Füllen mehr als ein paar Hallen.
Milliarden Menschen scheitern
Und ganze Staaten zerfallen.

Alles geben
Oder untergehen
Im Ozean der kalten Realität.

Alles geben
Oder untergehen.
Selbst Freundschaft und Familie
Definiert sich heute über den Kontostand.
Hast du nix, bist du nix.
Das gilt fürs Geld und gilt für Freundschaften.

Alles geben
Oder untergehen.
Das ist die neue Realität,
In einer Welt, in der Leute glauben,
Die Linken könnten gut sein,
Obwohl sie die Städte gentrifizieren
Und alle Traditionen zerstören,
Die uns hätten retten können.

Leblose Leben

Leben ohne zu leben!
Das ist das Leben
Vieler arbeitender Wesen.
Sie leben nur für ein karges Brot
Und geben ihr Herzblut
Für einen herzlosen Job.

Leben ohne zu leben,
Sind verschwendete Leben.
Das Leben will
Die Wunder der Erde erleben.
Das Leben will sich
Zeit zum Lieben nehmen.

Wie viele Leben vergehen,
Ohne wahrhaft gelebt zu haben?
Zu viele traurige Augen schauen
Und verlieren das Vertrauen,
Jemals im Leben so zu leben,
Wie ihr Herz schreit, wie das Leben
Sein sollte.

Ständegesellschaft

Alpha. Gamma. Omega.
Unsere aufgeklärten Gesellschaften
Sind immer noch Pyramiden.

Klar ist es wahr,
Dass wir Gesetze haben,
Die von Gerechtigkeit labern.

Natürlich ist es natürlich,
Dass manche mehr haben
Und andere Pech haben.

Aber die Wahrheit ist härter
Und die Ungerechtigkeit stärker
Und tiefer verwurzelt
In unseren Sozialstrukturen.

Alpha. Gamma. Omega.
Oben. Mitte. Unten.
Viel. Mittel. Wenig.

Oft ist der Mangel an Bildung
Die größte Ursache für Armut.

Der Fall eines Volkes

Rennen
Und nicht länger
Flennen

Alles
Ist weg, hol
Alles zurück

Ungerechte
Welt ist voll von
Ungerechtem

Oben
Und unten sind unten
Und oben

Menschen
Müssen um ihr Recht
Kämpfen

Ausgrenzen
Tun Gesetze,
Die ausgrenzen

Sterbender
Demos, weil die Gerechtigkeit
Stirbt

Wider das Bürgertum

Bürgertum
Ist Klassenruhm.
Die Bürger sind
Eine soziale Schicht,
Die aufs Mittelalter
Zurückgeht.

Der kleine Mann
Ist nicht bürgerlich,
Aber lebt in einer Welt
Bürgerlicher Gesetze.

Das Waschweib
Ist nicht bürgerlich,
Aber lebt in einer Gesellschaft
Bürgerlicher Rechte.

Sie sind beide Teile des Demos;
Sind beide Teil einer Demokratie.
Sie sind beide keine Bürger,
Denn die Vorstellung
Sich selbst aufgeben zu müssen,
Um bürgerlich zu sein,
Empfinden sie als entwürdigend.

Geteilte Gesetze

Jeden Morgen Sorgen.
Jede Nacht schlaflos,
Denn der Kummer wiegt.

Geld fehlt und
Rechnungen brennen.
Jeder Schritt auf dem Weg
Ist ein Drama.

Fairness ist ein Gerücht.
Selbst vor Gericht
Gewinnen die Reichen öfter.

Wer das Leben kennt,
Der wird es Normalität nennen.
Aber was ist daran normal.
Es ist eine ungerechte Qual.

Die Welt ist geteilt.
Es gibt Arme und Reiche.
Das Gesetz gilt nicht gleich.
Wer wirklich reich ist,
Besitzt mehr Rechte.

Jeden Morgen
Geht die Sonne auf.
Jede Nacht
Wird ein armes Weib missbraucht.

Kleine Kinderseelen

Ihre kleinen Hände.
Ihr kleiner Mund.
Wir brauchen eine Welt,
Die sicher ist.

Ihre kleinen Füße
Machen kleine Schritte.
Wir brauchen eine Welt,
Die Fairness bietet.

Ihre kleine Nase.
Ihr lautes Meckern.
Wir brauchen eine Welt
Mit Redefreiheit.

Ihr kleines Bett.
Ihr kleiner Kopf.
Wir müssen die Freiheit
Der Gedanken schützen.

Ihr kleines Leben
In ihrer kleinen Welt.
Wir müssen uns bewegen,
Damit sie ein glückliches Leben bekommt!

Kaputtes System

So lange Schlangen beim Arzt
Gab's in meiner Jugend nicht.
Das Gesundheitssystem kollabiert
Und zeitgleich leben die Menschen
Immer ungesünder.

Hätte eine Mutter
Neben ihrem Kind geraucht,
Hätte sich im Volk Frust aufgestaut
Und sie hätten ihr die Meinung geblasen
Auf die nicht nette Art.
Aber heute?
Jede vierte Mutter und
Jeder dritte Vater raucht
Neben seinem Gör.
Arme Welt. Traurige Welt. Kranke Welt!

Das Gesundheitssystem kollabiert
Und dennoch profitieren
Einige wenige von diesen Zuständen.
Einige werden reicher und reicher,
Genährt vom Speck
Staatlichen Versagens.
Ist es Zeit für neue Barrikaden?
Ist es Zeit für einen Aufstand?
Es wäre Zeit, endlich richtig zu wählen.
Denn der Kollaps ist politisch gemacht.

Ein kühler Kopf in der Hitze des Gefechts

Tagelange Demonstrationen.
Endlose Resolutionen.
Der ewige Marsch
Der Aufgebrachten.

Vielleicht ist ihr Weg richtig
Und sicherlich sogar wichtig,
Aber manche Probleme
Ließen sich mit Sanftmut und
Einfühlungsvermögen besser lösen.

Manchmal hilft das Feuer
Und manchmal der kühle Kopf.
Heute mit dem Kopf durch die Wand.
Morgen mit kleinen Geschenken versöhnen.
Die Qual der Wahl
Ist das Zünglein an der Waage.
Wenn der kleine Mann das kapiert,
Wird er zum großen Tier.

Wir müssen nicht alles tot diskutieren,
Sondern strecken aus alle viere
Und schlafen eine Nacht darüber,
Vielleicht fällt uns dann was Besseres ein.

Französisches Kinderbuch

Wahlen
Endspurt.
Entschieden.
Windeln.

Schlaflose Nächte
Ohne Bettdecke.
Das Kind hat alles,
Was es braucht.

Stoppend wirbeln.
Hockend spielen.
Klingeln im Ring
Der Hoffnungsträger.

Wieder nur Links
Und Rechts auf dem Wahlzettel.
Die Leute vergessen,
Die Macht des Gesetzes
Funktioniert nur in guten Händen.

Die Wahl
Erzürnt das halbe Land.
Das Land verpennt die Chance,
Keiner kann sich retten.

Mehr als hoffen

Eine Welt.
Eine Gesellschaft,
Die Gerechtigkeit schafft.

Es geht doch
Und ist mehr als eine
Unerfüllte Hoffnung.

Sich die Hände reichen
Und die Wände des Landes
Neu anstreichen.

Sich auffangen,
Indem wir erkennen,
Was beim anderen passiert.

Ein Verein,
Der sich vereint
Im Stelldichein.

Unsere Welt
Gemacht aus Werten,
Die jetzt überlebenswichtig werden.

Innenstadt

Der Ball rollt übers Grün
Und die Grünen verlieren.
Das Klima kollabiert,
Aber die Melonen sind links.

Die Gesellschaft liebt
Alles, was oberflächlich ist.
Aber sie schert sich nicht
Um Dinge, die fürs Überleben
Wichtig sind.

Verlorene Straßen
Mit Luxusmarken.
Vergebene Chancen,
Eine bessere Stadt zu erschaffen.

Begegnungsräume
Entspringen den Träumen.
Sich kennenlernen
Auf ehrliche Art und nicht für Sex
Oder fürs Geschäft.

Wir träumen bis zum letzten Atemzug
Von einer besseren Stadt.

Es wird keine Hilfe kommen

Hilfe!

Wir haben es vermasselt.
Die Welt rast auf den Abgrund zu
Und zu viele sind noch ruhig,
Anstatt laut aufzuschreien.

Hilfe!

Korrupte Politiker sind das Symptom
Einer verlorenen Welt. Unser Lohn
Ist die Entfremdung und Anonymität
In einer verzerrten Realität.

Hilfe!

Kleine Kinder schuften
In stickigen, dunklen Schuppen
Für mein Shirt und meine Hosen.
Warum hab ich ein gutes Los gezogen
Und muss nicht wie sie schuften?

Hilfe!

Die Maschinengewehre donnern.
Die Finanzmärkte lockern
Die Regeln für die Finanzierung
Von Kriegsgeräten zur Befriedung.
Das Irre unserer Lage ist,
Sie bricht die Waage des Gleichgewichts.

Diese kranke Welt

Kranke Medien
Machen kranke Kinder.
Eine heile Welt
Ist eine ferne Illusion.

Werte sind
Alles, was zählt.
Aber welche Werte
Hat diese korrupte Welt?

Stumpfe Herzen.
Verlogene Münder
Sind das Produkt
Unserer Medienlandschaft.

Zwischen dem
Medialen Wahn
Wächst das Kind
Verstört heran.

Mir gefällt die Idee
Einer heilen Welt.
Aber die nackte Realität
Macht mir Angst.

Ein Verhaltenskodex

Siege und Niederlagen.
Heute verlieren wir die EM.
Morgen verlieren wir etwas anderes.
Das Leben ist voller Entbehren.
Ein Volk braucht einen Kodex,
Um damit umzugehen und
Um nicht verrückt zu werden.

Wir sind schon mal verrückt geworden.
Wir haben schon mal den Verstand verloren.
Wir sind schon mal zu Mördern mutiert,
Die einen Krieg gegen die ganze Erde führten.

Ein Volk braucht
Einen Verhaltenskodex.
Er dient dem Zweck,
Nicht mies zu werden.
Denn wer will schon
Als Arschloch sterben?

Wir waren einst miese Nazis.
Nette kleine Papis wurden zu Mördern
Unterm Hakenkreuz.
Ein Kodex für das Volk muss verhindern,
Dass wir wieder zu Schindern von Kindern
Werden, die wir im Wahn vergasen.

Siege und Niederlagen bedeuten nichts,
Solange dein Kodex stark ist.

Deutscher Untergang

Wenn die ausländische Presse schreibt,
Deutschlands Wirtschaft ist auf dem Weg
Zu einem dritte Welt-Land und
Die deutsche Politik tut, als wäre alles ok,
Dann haben wir ein Problem.

Die Grünen wettern gegen das Fliegen,
Aber fliegen, statt in Zügen zu sitzen.
Die Linken träumen wieder
Von einer neuen sozialistischen Diktatur.
Aber im Land ist es ruhig,
Als würde nicht alles auf dem Spiel stehen.

Wir stehen am Scheideweg.
Untergang oder überleben.
Wir stehen an der Schwelle.
Untergang oder überleben.
Wir stehen vor unserem Spiegelbild.
Untergang oder überleben.

Manche glaube,
Es wäre besser, unterzugehen,
Weil dann finden wir zurück
Zum wahren deutschen Wesen.

Woran ich glaube,
Ist die Vernunft, die leider
In der Politik nirgends zu finden ist.

Irrenhaus

Die Welt brennt.
Der Klimawandel zerstört.
Der Zusammenhalt im Volk bröckelt.
Ich stehe mittendrin
Und weiß nicht wohin.

Ich sehe nach Links und Rechts
Und sehe, die sind ungerecht.
Ich schaue nach oben und unten
Und sehe die, die sich totschuften.
Wo gehöre ich hin
In diesem Spiel der Extreme?

Die Welt ist arm
Und die Welt ist reicher als je zuvor.

Menschen sterben am Hunger.
Menschen sterben, weil sie sich überfressen.
Diesen Wahn glaubt einem kein Mann,
Wenn es nicht wirklich so wäre.
Die Welt ist dumm.
Die wenigen Klugen können wir
An einer Hand abzählen.
Was zerfällt? Wer hat mein Geld?
Wer gibt mir Recht
In einer ungerechten Welt?
Wie komme ich hier weg und
Wer holt mich hier raus?

Süßigkeiten

Emo. Punk. Rap.
Skaten. Streamen. Zocken.
Das tun Wohlstandkids.
Kleine heile, kaputte Welt.
Psychische Spannungen
Werden projiziert.

Eine Jugend
Zwischen Dekadenz
Und Depression.
Unsere Jugend
Zerrissen in der Sinnlosigkeit.

Wir suchen Vorbilder
Und finden Nacktbilder
Im Netz und Hardcorepornos.

Projektionen der Psyche
Eines heranwachsenden Wesens.
Illustrationen der Tiefe
Jugendlicher Ausschweifung.

Jugend. Tugend.
Unschuld vom Land in die Stadt
Und die Schande der Verführung gespürt
Und sich hingegeben dem wilden Leben,
Bis der Arzt und die Rechnung kommt.
Sinnlos stirbt die Welt,
Wenn ihre Jugend
Nicht erblüht.